ESSEN VON INNEN

Titelbild:
Die angehende Brauerin Katharina Hauke inspiziert den
Maischekessel im Sudhaus der Privatbrauerei Stauder

Horster Mühle

ESSEN
VON INNEN

mit Texten von
Wulf Mämpel
Liliane Zuuring

Fotografien:
Frank Vinken
Andreas Mangen

Verlag Beleke

Herausgeber: Norbert Beleke

Text und Konzeption: Wulf Mämpel (WM) und Liliane Zuuring (LZ)

Fotos: Frank Vinken – Titel vorn, S. 2, 9, 10, 11, 14, 15, 16, 17, 18, 19, 20, 21, 22, 24 unten, 26, 27, 28, 30, 31, 32, 33, 36, 37, 38, 39, 40, 41, 42, 43, 44, 45, 62, 63, 64, 65, 68, 69, 70, 71, 74, 78, 79, 80, 81, 82, 83, 84, 85, 92, 93, 98, 99, 100, 101, 111, 112, Vorsatz vorne und hinten, Fotos auf den Seiten 46, 47, 48, 49 (mit freundlicher Genehmigung der Stiftung Zollverein)

Fotos: Andreas Mangen – Titel hinten, S. 6, 7, 8, 12, 13, 23, 29, 34, 35, 50, 51, 52, 53, 54, 55, 56, 57, 58, 59, 60, 61, 66, 67, 72, 73, 75, 76, 77, 86, 87, 88, 89, 90, 91, 94, 95, 96, 97, 102, 103, 104, 105, 106, 107, 108, 109, 110

Lektorat und Projektleitung: Thomas Sliepen
Gesamtherstellung: Verlagsgruppe Beleke
Grafische Gestaltung: Jürgen Mosler
© 2012 Verlagsgruppe Beleke, Essen

Verlagsgruppe: Verlag Beleke GmbH, Essen, Aachen, Dortmund, Lübeck, Wiesbaden
DAS RATHAUS Verlagsges. mbH, Essen
Max SCHMIDT-RÖMHILD KG – Deutschlands ältestes Verlags- und Druckhaus seit 1579 –
Lübeck, Berlin, Essen, Wiesbaden
HANSISCHES VERLAGSKONTOR GmbH, Lübeck
SCHMIDT-RÖMHILD Verlagsgesellschaft mbH Leipzig, Rostock, Schwerin
Verlag Wendler GmbH, Aachen
ELVIKOM Film-Verlag GmbH, Essen
ntv neue television FILM-TV-PRODUKTION GmbH, Essen
www.beleke.de

ISBN 978-3-8215-0641-8

Inhalt

Deutsche Bundesbank

Eher als graue Maus nimmt sich das Gebäude an der Moltkestraße 31 aus, in der die Deutsche Bundesbank untergebracht ist, die bis 2002 als Landeszentralbank firmierte – zumal es sich in der Nachbarschaft von so beeindruckenden und schmucken Häusern wie der Villa Koppers oder dem Robert-Schmidt-Berufskolleg befindet.

Doch wer das 1987 eröffnete Gebäude betritt, den überrascht über einem dunklen Steinboden ein Sternenhimmel aus Glühbirnen. Ihn entwarfen die Architekten Budde und Gutsmann. Zügig gelangen Besucher, die der Treppe immer weiter hoch zum Sternenhimmel folgen, auf hellen Marmorboden. Vor dem Eingang zum geräumigen, zweckmäßigen Schalterraum steht noch das Bedienerpult eines vollautomatischen Banknotenbearbeitungssystems ISS3000, das von 1997 bis 2007 in Betrieb war und 95.000 Banknoten pro Stunde prüfen konnte. Hergestellt wurde die 3,70 Meter lange und 1.700 Kilo schwere Anlage, deren Bedienerpult wirkt wie eine Hammond-Orgel, von der Münchener Firma Giesecke & Devrient. Die heute im Einsatz befindlichen Geräte schaffen 450.000 Scheine pro Tag.

Automatisches Banknoten-bearbeitungssystem ISS3000

Die geschredderten Noten sind ebenfalls ausgestellt, farblich apart sortiert. Sie bestehen übrigens aus Baumwolle und werden so zerkleinert u.a. im Straßenbau eingesetzt oder bei der Steinherstellung. Im Umlauf sind noch 6,9 Milliarden D-Mark in Münzen und 6,4 Milliarden D-Mark in Scheinen. Etwa 20 Kunden kommen täglich in die Bank, um hier noch DM in Euro zu tauschen.

Doch Geld ist längst nicht das einzige, was die Essener Filiale der Deutschen Bundesbank zu bieten hat: Sie brachte Kunst in das Viertel – beispielsweise mit einer Außenplastik. Auch innen gibt es viel Kunstvolles zu sehen: Im Schalterraum fasziniert ein Pfennigbaum, gefertigt 1968 aus Pfennig-Rohlingen von U. Zander. Auch Quadrate von Josef Albers sind ausgestellt.

Wer hier steht, hat bereits das großformatige Gemälde „Raumebenen" im Treppenhaus hinter sich gelassen, das Georgi Nikolas 1987 schuf.   LZ

Sternenhimmel aus Glühbirnen über der Eingangshalle

Bundesbank an der Moltkestraße

Im Paternoster

Blick in die Galerie

Deutschlandhaus

Das Deutschlandhaus

Wer genau vor dem Haupteingang des Deutschlandhauses, Lindenallee 10, steht, bemerkt, dass das Gebäude einem Schiff nachempfunden zu sein scheint. Auch die Ansicht vom nahe gelegenen Spielplatz aus bestätigt das. Erbaut wurde es 1928 nach Plänen des Architekten Jacob Koerfer – und war gleich gedacht als Verwaltungsgebäude der Stadt. Das erste bis dritte Obergeschoss wurde als Warenhaus konzipiert. Noch heute hat die Stadt viele Büros dort. Im Untergeschoss lädt inzwischen eine Ladenpassage zum Bummeln ein: die Lindengalerie. Die plante der Architekt Dieter Genheimer 1989. Deren Flair machen nicht zuletzt die stilisierten, bunten Bäume aus – und einige teils bullaugenartige Schaufenster, die den Schiffsgedanken wieder aufgreifen. Ein gläsernes Dach wölbt sich über den Läden. 17 Geschäfte gibt es hier hinter der Tufffassade. Ihnen stehen 907 Bürozimmer auf neun Etagen gegenüber. Funktional

sind die Büros, gelegentlich noch blinken alte Zeiten durch – beispielsweise in der fünften Etage, wo das Amt für Stadtplanung und Bauordnung mit einer Bürgerinformation sitzt. Leicht antiquiert ist der Schriftzug, der auf das Geschoss hinweist. Auf anderen Ebenen sitzen das Straßenbauamt, das Amt für Geoinformation, Vermessung, Kataster, das Bauaktenarchiv.

Neben einem modernen Aufzug, der alle Etagen anfährt, gibt es noch eine Rarität: einen Paternoster, der tagsüber von 6.30 Uhr bis 15.30 Uhr bis hoch zur fünften Etage in ständigem Umlaufbetrieb ist. Er knirscht und knackt. Das hellgrün gestrichene Holz arbeitet. Der Paternoster ist öffentlich zugänglich und nimmt sich wie ein Relikt aus längst vergangenen Zeiten aus gegenüber der modernen Hausmeisterloge und den modernen Deckenleuchten in der Umgebung. Zwölf Kabinen – zugelassen für je zwei Personen – transportieren die Deutschlandhaus-Gäste.

LZ

Eingangshalle mit dunklem Marmor

Erzhof

Düsseldorf hatte einen Stahlhof. Dem setzten die Essener den Erzhof entgegen, der seit 1992 unter Denkmalschutz steht. Dass es sich um den Erzhof handelt, ist nicht zu übersehen: Der Schriftzug ist im Portalsturz über dem Haupteingang zu lesen. Erbaut wurde er nach den Plänen des Architekten Regierungsbaumeister Emil Jung von 1922 bis 1924. Er hat sich auch außen im Stein mit der Inschrift „REG BMSTR Jung Architekt BDA" verewigt. Das Gebäude Zweigertstraße 34 wurde 1923 von der Erzgroßhandelsfirma Bicker & Co AG gekauft. Seit 1926 sitzt hier die Essener Verkehrs-Aktiengesellschaft (EVAG). Das mehrgeschossige Haus liegt an der Ecke zur Goethestraße und ist mit seiner Backsteinfassade imposant. Zur Straße hin ist das Erdgeschoss von außen mit Tuff verklei-

Der Erzhof

Das Koggenzimmer

det. Besonders auffällig ist der Rundbau in der Mitte. In ihm liegt die beeindruckende, denkmalgeschützte Eingangshalle, in der dunkler Marmor dominiert. Sechs Säulen strukturieren diesen Bereich, vier Heiznischen sind noch sichtbar, die heute als solche nicht mehr in Betrieb sind – dafür aber Raum bieten für Heizkörper. Auffällig sind zwei Standfiguren in Bronze, gefertigt 1929 von Joseph Enseling. Sie erinnern an die Gefallenen von 1914 und 1918. Schlicht gehalten ist die Ziffernblatt-Uhr über dem Eingang zum Treppenhausbereich, ebenso das runde Deckenlicht. Zum Verweilen lädt eine kleine Sesselgruppe gegenüber dem Empfang ein. Im Inneren des Gebäudes ist im Laufe der Jahre viel umgebaut worden. Noch aus der Anfangszeit stammt im Treppenhaus der Handlauf. Sehr gut erhalten ist das mit Holz vertäfelte Koggenzimmer, so genannt, weil hier eine Kogge als Relief zu

sehen ist – die übrigens auch eines der Ornamente an der Außenfassade ist. Dieser Raum ist der Geschäftsführung vorbehalten. Vor das Holz an einer Raumwand ist inzwischen eine weiße Verkleidung gesetzt worden. Verblüffend und sehenswert ist auch das großzügige Treppenhaus im Anbau an der Goethestraße.

LZ

Bronzefigur von Joseph Enseling

8

Hell und großzügig: Das neue Entrée für 17.000 qm Bürofläche der Firma ifm electronic

Glückaufhaus

1923 nach Plänen des Architekten Ernst Bode erbaut wurde das Glückaufhaus an der Ecke zwischen Bismarck-, Friedrich- und Rüttenscheider Straße. Es liegt gleich gegenüber dem von Egon Eiermann entworfenen Steag-Hauses. Seit 1988 steht das Haus, in dem 1924 auch das Kino „Filmstudio" eröffnete, auf der Denkmalliste. Das Immobilienunternehmen Kölbl Kruse nahm sich 2004 des zerfallenen Komplexes an, der seit 2001 leerstand. Da die wachsende Firma ifm electronic ihre Standorte bündeln und mehr Platz wollte, kam sie mit Kölbl Kruse zusammen. 2008 begannen Umbau und Restaurierung. 2009 zog ifm ein – und hat das Haus, das außen mit expressionistischer Architektur auffällt, modern eingerichtet. Auch Filme werden wieder im Filmstudio gezeigt. Die beeindruckenden Eingangsportale an den Seiten des Hauses mit Ziegelfassade und vorne einem Eingang unter einer Arkade sind geblieben. Die Fassade blieb unberührt, ansonsten wurde entkernt, das Gebäude im oberen Bereich durch eine anthrazitfarbene Aluminium-Glas-Konstruktion ergänzt. Entstanden sind 17.000 Quadratmeter Nutzfläche.

Das Entrée kommt strahlend weiß daher, wird von gleichfalls weißen, eckigen Säulen eingerahmt. In großen silbernen Vasen wachsen Bonsai-Bäume. Oberlichter imitieren Tageslicht. Eine große Collage

Licht aus eigener Produktion: Flexible Leiterplatten leuchten gelb

Neue Architektur hinter historischer Fassade

aus Fotos, die ifm-Produkte zeigen, ziert die Galerie in der ersten Etage. Zusammen ergeben sie die Ansicht des Glückaufhauses. Von der Galerie gehen die Besprechungsräume mit ihren Glaswänden ab, die milchig die Silhouette von Essener Gebäuden wie dem Rathaus, Zollverein zeigen und benannt sind nach weltweiten Standorten des Unternehmens. Eine Sitzgruppe an den Rundbögenfenstern über dem Eingang wirkt zwischen Pflanzen gemütlich. Ob an der Anmeldung oder den Besprechungsraumfenstern – die Farbe HKS7 – ein Orangeton und das Markenzeichen von ifm – ist überall präsent.

Die Innengestaltung fällt auf. Der Flur in der fünften Etage ist nicht einfach ein durchgehender Gang. Die Wand hin zum jeweils nächsten Büro ist ein wenig vorgebaut. In die Vorsprünge eingelassen sind faszinierende Leuchtelemente: Die von ifm produzierten flexiblen Leiterplatten (das sind Träger für elektronische Bauteile) – hier allerdings nicht bestückt – sind auf gesamter Wandhöhe schmal aufgebracht, durch sie scheint farbig das Licht.

Von einer Kantine hat die Kantine im Erdgeschoss nichts: Sie ist nur durch eine Glaswand abgetrennt von der Gastronomie Bistecca und kommt edel daher. Wer mag, kann auch im mit viel Grün und Springbrunnen gestalteten Innenhof Platz nehmen. LZ

Schlicht gediegen: der Sitzungssaal des Evonik-Aufsichtsrats

Evonik-Zentrale

Wer über die A40 fährt und so das Ruhrgebiet durchquert – täglich sind es Tausende von PKW und LKW –, der wird die neue Skyline von Essen bewundern. Gerade auch bei Dunkelheit. Neben dem RWE-Tower sind es die Türme der Evonik-Zentrale, die als städtebauliche Dominante das neue Essen als Verwaltungszentrum – auch als Schreibtisch des Reviers bezeichnet – städtebaulich prägen. Der moderne Bürokomplex (der früheren RAG AG) besticht durch seine zeitlos schöne Architektur. Es ist das gelungene Beispiel dafür, wie heute Bürogebäude sein sollten. Das Architektenteam um den renommierten Düsseldorfer Baumeister Walter Brune (Rhein-Ruhr-Zentrum, Kö-Galerie usw.) hat hier ein Meisterstück vollbracht.

Von der Rückseite des RWE-Turms aus gesehen

Mit Blick nach Westen: Die Vorstandsetagen

Der große Sitzungssaal in Haus 5

Evonik, der kreative Industriekonzern aus Deutschland, ist heute eines der weltweit führenden Unternehmen der Spezialchemie. Insgesamt über 33.000 Mitarbeiter erwirtschafteten im Geschäftsjahr 2011 einen Umsatz von rund 14,5 Milliarden Euro und ein operatives Ergebnis von rund 2,8 Milliarden Euro.

Adresse: Evonik Industries AG, Rellinghauser Straße 1-11, 45128 Essen. Der Campus der Essener Hauptverwaltung hat eine Fläche von rund 93.000 Quadratmetern, davon 52.000 Quadratmeter reine Bürofläche. Um dieses gewaltige Areal zu überwachen, sind insgesamt 164 Kameras installiert, deren Bilder in der Sicherheitszentrale des Verwaltungsbaus empfangen werden. Im Jahre 2011 wurde hier die gesamte Technik auf den neuesten Stand gebracht.

Das Unternehmen kann weltweit auf Aktivitäten in rund hundert Staaten ver-

Große Enthüllung am 17. September 2007: Aus der RAG wird die Evonik Industries AG

weisen. Als Mischkonzern ist Evonik auf die drei Bereiche Chemie, Energieerzeugung und Immobilien ausgerichtet. Im Mittelpunkt steht dabei der Bereich Spezialchemie.

Die beiden anderen Geschäftsfelder werden deshalb als weitgehend selbstständige Beteiligungen geführt. Die drei Hauptbereiche sind unter den Namen Evonik Degussa, Evonik Steag und Evonik Immobilien rechtlich selbstständige Gesellschaften. Insgesamt gehören zum Portfolio knapp 5.000 verschiedene Produkte.

Weitere deutsche Standorte sind Bergkamen, Bexbach, Darmstadt, Hanau, Herne, Kalscheuren, Kamenz, Köln, Krefeld, Leuna, Lülsdorf, Lünen, Marl, Rheinfelden, Voerde, Völklingen, Walsum, Weiher, Weiterstadt, Wesseling und Worms. Dazu kommen Produktionsanlagen in knapp dreißig Ländern.   WM

Blick in das großzügige Treppenhaus

Hochtiefhaus

Beeindruckend ist das Treppenhaus in dem 1937/1938 erbauten Hochtiefhaus, das in dem Dreieck Gutenbergstraße/ Rellinghauer Straße/ Steinstraße liegt und über drei Eingänge verfügt. Der älteste, heute nur noch selten genutzte liegt an der Ecke Gutenberg-/ Rellinghauer Straße. Das Ursprungsgebäude mit einem drei Meter hohen Muschelkalksockel entstand nach Plänen der Architekten Bucerius und Kleemann. Das Fundament reicht teils bis mehr als 15 Meter unter das Gelände, da sich die Gründungsarbeiten auf einem alten Steinbruch als schwierig gestalteten. An diesem Eingang zeigt sich die geschwungene Front über fünf Etagen mit je unterschiedlich vielen Fenstern und mit einer Nirosta-Stahlgusstür, die Erich Kuhn fertigte und die die Arbeitsgänge am Bau darstellt. Eine solche Tür wurde bei der Pariser Weltausstellung 1937 mit dem Grand Prix ausgezeichnet.

Wenige Stufen führen an der Pförtnerloge vorbei und unter einer mit Messing eingefassten Deckenleuchte her durch eine weitere Tür in das großzügige Treppenhaus, das durch Klarheit besticht. Das gerahmte große Flurfenster ist aus dezent bunten viereckigen Glasscheiben komponiert. Die Gitter vor den vier Heiznischen sind von Hand geschmiedet, die dazu passenden Treppengeländer ebenfalls. Die Säulen sind in graugrünem Sandstein gehalten, die die Aufgänge der doppelläufigen Haupttreppe flankieren. Ist im Erdgeschoss vom einstigen Parkettboden nichts mehr zu sehen, so zeigt er sich noch in der ersten Etage. Interessant ist der Kontrast von historischem Treppenhaus mit Ölgemälden von Brücken- und Staudamm-Baustellen zu den Bürotüren aus dunklem Holz zur Vorstandsetage mit modernstem Büroflur und moderner Kunst.

Früher gab es gar ein eigenes Kasino, eine Kegelbahn und eine eigene Turnhalle im Gebäude.

Geschwungene Front des Hochtiefhauses

Nirosta-Stahlgusstür von Erich Kuhn

Der heutige Eingang liegt an der Rellinghauser Straße zwischen den Gebäude-
trakt, die 1950 und Mitte der 1960er
Jahre gebaut wurde. Dem Treppenhaus
mit seiner interessanten Form sieht man
seine Bauzeit an.

Ein Lichthof wirkt mit Brunnen und
Baum sehr malerisch. Erwähnenswert ist
auch das Farbkonzept der Außenfassa-
den, das Friedrich von Garnier in den
1980er Jahren ersann und das sich besonders erschließt, wenn man den Ge-
bäudekomplex, in dem fast 800 Mitarbeiter tätig sind, vom Eingang Steinstraße her betritt. Von hier zeigt er sich
in seiner gesamten Farbpalette von
Braun über Grau bis hin zu Grün,
Orange und Rot. Der Eingang Steinstraße
entstand Mitte der 1960er Jahre und
wirkt mit einer Ruhrsandsteinmauer und
einem Vordach, in dem ein Loch einer
Birke Platz zum Wachsen lässt, freundlich.   LZ

Der älteste Eingang

Flurfenster mit dezent bunten, viereckigen Scheiben

RWE-Turm – die Zentrale des Energie-Konzerns

Der 127 Meter hohe RWE-Turm zwischen Opernhaus und Hauptbahnhof ist das Wahrzeichen für die „neue Entwicklung" Essens geworden. Ein Symbol für den Strukturwandel in der Ruhrmetropole aus Glas und Stahl und damit das Zentrum der neuen Skyline. Die Zentrale des RWE Konzerns (auch gerne „Tower of Power" genannt) ist eins der markantesten architektonischen Wahrzeichen Essens. Für 300 Millionen DM nach dem Entwurf des Düsseldorfer

Architekten Christoph Ingenhoven im Dezember 1996 fertiggestellt, ist das repräsentative und nach ökologischen Prinzipien konstruierte Hochhaus in kurzer Zeit zu einem markanten Wahrzeichen für das westliche Ruhrgebiet geworden. Der RWE-Turm hat drei Untergeschosse, das Erdgeschoss und 26 Bürogeschosse, die zusammen 56.000 Quadratmeter Fläche ergeben. Zwischen dem 17. und 18. Bürogeschoss liegen zwei Technikgeschosse und die Klimaanlage. Von den insgesamt neun Aufzügen liegt einer außerhalb des Gebäudes. Insgesamt befinden sich hier bis zu 500 Arbeitsplätze.

Das Hochhaus ist ökologisch konzipiert. Es ermöglicht zwischen der doppelt verglasten Fassade eine natürliche Belüftung und gewinnt natürliche Energie aus Tageslicht und Sonnenwärme. Der Einsatz von energiespeichernden Materialien reduziert zugleich Lastspitzen. Mit dem RWE-Turm erhielten die Planer mehrfach Auszeichnungen, u. a. den Architekturpreis NRW 1998 und den CIMMIT Immobilien Award 1998.

Diverse Künstler haben die Turmarchitektur mit ihren Arbeiten ergänzt. So

Foyer-Panorama mit Vernissage: Hier für den Installations-Künstler Yuri Leiderman. Aktuell fördert die RWE-Stiftung junge Künstler mit ihren VISIT-Stipendien

bringt Lothar Baumgarten im Bereich des Mitarbeitercasinos und des Erdgeschosses Wortschöpfungen aus Wirtschaft, Politik und Kultur an den Wänden in neue Zusammenhänge. Der Essener Künstler Norbert Thomas schuf im Park hinter dem Turm die Edelstahlplastik Springende Linie. Richard Long verlegte, ebenfalls im Park, eine Steinplastik mit dem Namen Neandertal Line im Kontrast zur modernen Architektur. François Morellet schuf für jede einzelne Etage eine Plastik, die von Stockwerk zu Stockwerk in ihrer Form variiert. WM

Kunstwerk Kassenhalle: Die Sparkassen-Zentrale ist Treffpunkt für Bürger, Kunden, Künstler und Banker

Sparkassen-Zentrale

Das Bankgebäude mitten in der Essener Innenstadt fällt durch seine Größe auf, aber auch durch seine moderne, zeitlose und lichte Fassadengestaltung. Der Umbau, die Modernisierung und die Erweiterung der Zentrale der Sparkasse Essen im III. Hagen 43 war eine kluge Entscheidung. Das Bürohaus mit einer Bruttogeschossfläche von 33.000 m² besteht aus 16 Etagen und einer Tiefgarage. Das gesamte Gebäude wurde kernsaniert und erweitert und die Technik auf den neuesten Stand gebracht. Die Arbeiten erfolgten teilweise während des laufenden Betriebes. Heute präsentiert sich die Zentrale dem Kunden und dem Besucher als ein attraktives Haus, dessen

Herzstück die riesige Kassen-Halle ist. Hier finden Konzerte, Ausstellungen und fachbezogene Veranstaltungen statt. Die Sparkassen-Zentrale wird somit zu einem beliebten Treffpunkt für Bürger, Kunden, Künstler und Banker. Wer das moderne Gebäude besucht, sollte sich auf jeden Fall die reichhaltige Kunstsammlung der Sparkasse ansehen. Er findet dort wahre Schätze moderner und zeitgenössischer Maler und Bildhauer.

Im Essener Raum entstanden zwischen 1839 und 1925 21 Sparkassen. Zu den ersten Gründungen zählt neben Werden (1842) und Kettwig (1842) auch 1840 die Sparkasse Essen. Aus verschiedenen Eingemeindungen resultierte die Fusion der Gemeindesparkassen mit der heutigen Sparkasse Essen. Die bisher selbstständigen Institute wurden als Zweigstellen weiter geführt. Die jüngste Übernahme erfolgte 1976 im Zuge der Eingemein-

dung Kettwigs. Mit über 50 Geschäftsstellen unterhält die Sparkasse Essen das dichteste Netz für Finanzdienstleistungen und Beratung in Essen.

Das Unternehmen beschäftigt über 1.600 Mitarbeiter und ist damit einer der größten Arbeitgeber der Stadt. Tochtergesellschaften sind die S-ProFinanz, die Versicherungsagentur der Sparkasse Essen, das S-Service-Center Essen, die S-Beteiligungsgesellschaft Essen und die S-International-Rhein-Ruhr – hier bündelt die Sparkasse Essen gemeinsam mit den Sparkassen Bottrop, Dinslaken-Voerde-Hünxe, Düsseldorf, Duisburg, Ennepetal-Breckerfeld, Gladbeck, Hattingen, Mülheim a.d. Ruhr, Oberhausen, Sprockhövel, Vest Recklinghausen und Wesel das Know-how in allen Fragen des internationalen Geschäftes sowie des Zins- und Währungsmanagements. WM

Frische Innenarchitektur mit Aussicht

Leucht-Turm Richtung Westen mit Akzenten in Blau

In der 6. Generation mit Wurzeln in Unterfranken: die Privatbrauerei Stauder. Hier das Sudhaus

Stauder Brauerei

Nur wer höchste Ansprüche stellt, erzielt auch höchste Qualität. Dieser Gedanke prägt seit jeher die Philosophie der Privatbrauerei Jacob Stauder in Altenessen an der Stauderstraße. Echte handwerkliche Braukunst steht auch heute im Mittelpunkt, modernste Technologie tritt dort hinzu, wo sie die Qualität verbessert und Arbeitsabläufe optimiert. Das Ergebnis ist ein Premium-Pils von außergewöhnlicher Frische und höchster Bekömmlichkeit, komponiert nach altem Familienrezept, aus dem Besten, was die Natur uns gibt, und in Ruhe gereift.

Seit Januar 2005 sind Dr. Thomas Stauder und Dipl. Brau-Ing. Axel Stauder in der 6. Generation für die Geschäftsführung verantwortlich. Wer mehr über das Essener Bier erfahren möchte, der bucht am besten eine Besichtigung. Schon im Brauhof entdeckt die Nase den Duft von

Der Brauhof mit Großtransparent der aktuellen Stauder-Kampagne

Lärm in der Abfüllanlage: Hier geht's in die Kiste

Hopfen und Malz und Maische Die dreistündige Besichtigung beginnt mit einem Rundgang durch das Wilhelm-Thelen-Museum und einer Filmvorführung. Danach folgt der Rundgang durch den technischen Betrieb, wobei das Sudhaus und die Abfüllanlagen immer noch den Besucher begeistert. Im Anschluss findet ein Ausklang in dem gemütlichen Lagerkeller statt, bei dem ein kleiner Imbiss und natürlich „die kleine Persönlichkeit" gereicht wird.

Die Brauerei wurde durch den aus Laub in Unterfranken stammenden Bierbrauergesellen und Fassbinder Theodor Stauder gegründet, der 1867 die Hausbrauerei Schlicker in Essen pachtete und zunächst untergäriges Bier braute. 1888 verlagerte Jacob Stauder die Brauerei nach Essen-Altenessen und ließ sie unter seinem Namen in das Königlich Preußische Firmenregister eintragen. Während des Ersten Weltkrieges, im Winter 1916/1917, erbte Caspar Stauder das Geschäft, der es

Wo alles Bier beginnt: In der Maischepfanne treffen sich Wasser und Malz

auch durch die Weltwirtschaftskrise rettete.

Darauf folgte sein Sohn Hans-Jacob Stauder, der die Brauerei durch die Wirren des Zweiten Weltkrieges brachte. Zum hundertjährigen Bestehen 1967 führte er

wiederum seine Söhne Claus und Rolf Stauder, der 2004 bei einem Unfall ums Leben kam, ins Geschäft ein. Diese beiden Unternehmer distanzierten sich von zunehmender Massenproduktion hin zu mehr Qualitätsbewusstsein.   WM

Hauptquartier ThyssenKrupp AG

Der größte deutsche Stahlkonzern kehrt mit dem Umzug seiner Hauptverwaltung von Düsseldorf nach Essen zu seinen Wurzeln im Ruhrgebiet zurück. Die ThyssenKrupp-Zentrale steht auf einem historischen Krupp-Grundstück am Rande der Essener Innenstadt. Weitere Verwaltungsgebäude sollen in einem zweiten Bauabschnitt folgen. An der offiziellen Einweihung nahm auch der Vorsitzende des Kuratoriums der Krupp-Stiftung, Berthold Beitz, teil. Die Krupp-Stiftung ist größter Einzelaktionär des Unternehmens.

Der Konzern ThyssenKrupp hat für den Neubau seiner Hauptverwaltung den Entwurf des Architektenteams Chaix & Morel et Associés aus Paris und JSWD Architekten und Planer aus Köln ausgewählt. Der Mischkonzern hatte Anfang März 2006 beschlossen, in Essen eine völlig neue Hauptverwaltung zu bauen und dafür die Konzernholding in der Düsseldorfer Innenstadt und die Zentralen von fünf der sechs Konzernsparten aufzugeben und zu verkaufen. Mit dem Verkauf dieser Immobilien wurden die Baukosten von rund 300 Millionen Euro finanziert. Am Standort Essen haben inzwischen mehr als 2.500 Beschäftigte ihren Arbeitsplatz gefunden.

Auslöser für den Neubau waren fällige hohe Investitionen in die Modernisierung der konzerneigenen Immobilien in Bochum, wo die Sparte Automobilzulieferung sitzt, und Essen als Sitz der Sparte Anlagen- und Maschinenbau. Das 1959 gebaute „Dreischeibenhaus" in Düsseldorf als Sitz der Zentrale war bereits 1994 für rund 100 Millionen Euro saniert worden. Außerdem waren einige der Immobilien nur schwach ausgelastet.

Mit der Verlegung der Firmenzentrale nach Essen kehrt der 1999 aus der Fusion von Thyssen und Krupp gebildete Konzern an seinen Ursprung zurück. „ThyssenKrupp und seine beiden Vorgängerunternehmen haben ihre Wurzeln im Ruhrgebiet", begründete der damalige Konzernchef Ekkehard Schulz die Entscheidung für den Umzug. Der Konzern hat firmenrechtlich einen Doppelsitz in Duisburg und Essen. Auf dem Gelände der Zentrale stand früher die Gussstahlfabrik von Krupp. Düsseldorf verlor durch den Umzug rund 1.400 Arbeitsplätze und Gewerbesteuereinnahmen von etwa 1,5 Millionen Euro.   WM

Transparenz und Offenheit: Blick aus dem Q1 über die Wasserachse nach Süden

Markante Landmarke der Stadt: Das ThyssenKrupp-Hauptquartier funkelt im Winter besonders hell

Spektakuläre Perspektiven: Das Q1 der französischen Architekten Chaix & Morel im Zentrum des ThyssenKrupp-Hauptquartiers

Ren Zhenyu: „Andy Warhol", 2008

Treppenhaus mit Galerie

Villa Alfredstraße 66

Tausende von Autos fahren täglich an ihr vorbei. Erhaben steht die Villa seit 1912 an diesem exponierten Standort in der Alfredstraße 66. Das Haus macht neugierig, ein Blick ins Innere lässt den Besucher erstaunen: Der ursprüngliche Eigentümer lebte hier mit seiner Familie auf mehr als 1.300 qm Wohn- und Nutzfläche. In den 1920er Jahren bis 1938 war hier eine Filiale der Deutschen Bank eingerichtet. Danach ging das Haus an den Londoner Kaufmann Arnold Brenningmeyer über. Das herrschaftliche Anwesen ist ein Schmuckstück mit einem großzügigen Empfangsbereich, einem außergewöhnlichen Treppenhaus und einer dazugehörenden Galerie. Der heutige Eigentümer, Ralf E. Wechtenbruch, Geschäftsführer der Firma Vignold, hat

diese Villa über einen Zeitraum von rund acht Jahren vollständig von außen und innen renoviert und wieder zu der Schönheit gebracht, wie sie jetzt zu erleben ist. Bis in den Dachboden hinein ist die Villa mit feinsten Materialien ausgestattet. Die Toiletten sind mit teilweise antiken Natursteinen geradezu sehenswert – ein Haus mit Wohlfühlcharakter.

Mit dem schmiedeeisernen Tor, dem großzügigen Treppenaufgang, dem Säulenportal, den reichverzierten Balkonen gehört die Villa sicherlich zu einem der schönsten nun als Bürohaus genutzten Objekte in Essen.

Zu den dezent stuckverzierten Decken und sonstigen baulichen Besonderheiten gehört Kunst. Da trifft es sich gut, dass zwei Partner der RST-Gruppe begeisterte Kunstsammler sind, sodass hochwertige Kunstwerke alle Räume des Hauses zieren. „Die Kunst gehört einfach zur Unternehmenskultur der RST", so Axel

Witte, Geschäftsführender Gesellschafter. Doris Zur Mühlen, ebenfalls Geschäftsführende Gesellschafterin der RST, ergänzt: „Jeder darf sich an ihr erfreuen und sie in den Alltag integrieren."

Die RST-Beratungsgruppe, eine Wirtschaftsprüfungs-, Steuerberatungs-, Rechts- und Unternehmensberatungsgesellschaft mit rund 100 Mitarbeitern an fünf Standorten, hat hier ihren Hauptsitz. In diesem Gebäude in Essen können bis zu 35 Mitarbeiter arbeiten.

Die Mandanten der RST kommen teilweise von weither gerne nach Essen in diese behaglichen Räume. Wo sonst verhandelt man unter vier Meter hohen Decken an edlen Tischen und hat moderne Bilder im Blick! Noch entscheidender: Die Mitarbeiter kommen jeden Morgen gerne in die gediegenen Räumlichkeiten. Inzwischen will keiner mehr die Kunst am Arbeitsplatz missen. WM

Machiko Edmondson: „Paper cup exit", 2006, Öl auf Leinwand

Ehrwürdig: Die Villa wurde 1912 erbaut

Hotel Alte Lohnhalle

Die alte Lohnhalle der Zeche Bonifacius an der Rotthauser Straße 40, 1988 unter Denkmalschutz gestellt, beherbergt seit 2004 das liebe- und geschmackvoll eingerichtete Kultur- und Tagungshotel Alte Lohnhalle mit 17 Zimmern, zwei Tagungsräumen und einem Restaurant von etwa 280 Quadratmetern Größe.

1861 nahm die Zeche, deren Gebäude ab 1857 gebaut worden waren, den Betrieb auf. Von diesen Gebäuden ist nichts erhalten. Die erhaltenen Häuser entstanden zwischen 1902 und 1905 nach Plänen des Zechenbaumeisters Bongard. 1974 wurde die Zeche stillgelegt.

Die Lohnhalle ist allein schon von ihrer neugotischen Fassade her sehenswert – doch innen besticht sie als Hotel durch die gekonnte Verbindung von Historie und modernem Komfort. Mit Zimmer-

Das Treppenhaus der ehemaligen Lohnhalle

*Machte die Lohnhalle zum Hotel:
Gründerin und Inhaberin Anna Kruljac*

namen wie „Steiger-Studio" oder „Zechenstudio" knüpft die Herberge an die Tradition an. Alle Zimmer sind individuell eingerichtet, teils mit Design-Klassikern des 20. Jahrhunderts. Die Bäder sind zumeist farbenfroh gestaltet.

Das großzügige, hohe Foyer – die ehemalige Lohnhalle mit 279 Quadratmetern Größe – kann auch für Veranstaltungen gemietet werden. Ein Balkon umläuft diesen Raum auf Höhe der riesigen, oben abgerundeten Fenster. Das Treppenhaus besticht durch seine Großzügigkeit, für stimmungsvolles Licht sorgen Kronleuchter. LZ

Panorama mit Industriegeschichte: Rechts das Fördergerüst der ehemaligen Zeche Bonifacius

Die Kettwiger „Résidence"

Zwei Michelin-Sterne leuchten seit 25 Jahren über Kettwig. Hier werden Feinschmecker aus ganz NRW verwöhnt mit Köstlichkeiten aus Küche und Keller, die der bekannte Hotelier und Gaumenmeister Berthold Bühler ihnen serviert. In den neu gestalteten hellen Räumen des Restaurants ist Wohlfühlen seit vielen Jahren angesagt. Nach dem Ausscheiden von Henri Bach, der 27 Jahre erfolgreich mit Berthold Bühler zusammenarbeitete, führt jetzt das junge, jedoch erfahrene Duo Erik Arnecke und Eric Werner den Gast auf einen Verwöhnkurs der besonderen Art. Den Wechsel in der Küche nutzte Bühler gleich für eine Neugestaltung des Restaurants. Wände in zurückhaltendem Grau und moderne italienische Leuchter im Barockstil bilden den Rahmen für Kreationen wie „Gänsestopfleber im Zenit einer Mondlandschaft", „Ebbe und Flut" oder „Skandinavischer Waldspaziergang". Zur Auswahl stehen jeden Abend zwei Menüs.

Aufgrund der Beliebtheit der Résidence ist eine vorherige Reservierung zu empfehlen. Gourmets sollten das Restaurant bei einem Besuch des Ruhrgebiets jedenfalls einplanen. Das exklusive Erlebnis hat allerdings auch den entsprechenden Preis und ist für Low Budget-Traveller eher nicht zu empfehlen – so um die 100 Euro (ohne Getränke) sollte man für ein volles Menü schon kalkulieren. Dafür bekommt man hier aber ein klassisches Gourmeterlebnis mit entsprechendem Ambiente und Service geboten, von dem man noch lange erzählen wird.

Alljährlich ausgezeichnet als Varta-Hoteltipp und von Vielreisenden jährlich unter die 20 angenehmsten kleinen Stadthotels gewählt, zählt die Résidence mit seinen 15 Hotelzimmern sowie zwei großzügigen Suiten zu den feinsten der deutschen Hotellerie. Besonders beliebt ist für viele Gäste der „Kulinarische" Kurzurlaub: Ein Wochenende (oder gern auch unter der Woche) die Seele baumeln lassen. Hier kann der verwöhnte Gourmet gastliche und kulinarische Genüsse zu einem entspannten Kurzurlaub bündeln: sei es mit einer 5-gängigen Menüdegustation oder einer 7-gängigen Menüdegustation im geschmackvoll eingerichteten Doppelzimmer mit reichhaltigem Frühstücks-Schlemmerbuffet. Die „Résidence" eignet sich gerade auch für Hochzeiten, Familientreffes, Kundengespräche und kleinere Tagungen im gehobenen Ambiente.

Im begehbaren Weinschrank der Résidence lagern die Schätze des Sommeliers

Die Résidence ist mit zwei Michelin-Sternen ausgezeichnet

Das Team glänzt mit hervorragendem Service

WM

Die freundliche Insel-Rezeption

Mövenpick Hotel Essen

Fürstlich willkommen geheißen werden Gäste des Mövenpick Hotel Essen mit dem Handelshof Restaurant gleich gegenüber dem Hauptbahnhof. Denn ihnen ist ein roter Teppich vor dem Eingang ausgerollt, der sie unter dem Milchglasvordach her hineinführt in ein ungewöhnliches Foyer.

Statt einer großen Rezeption erwarten die Hotelmitarbeiter an kleinen Inseln die Gäste – ein Konzept der Hotelkette Mövenpick, damit die Empfangenden den Gästen näher sind. Hier ist auch eine Business-Ecke mit Rechner und Drucker zu finden. Mit Obst und Getränken können sich die Gäste im Eingangsbereich versorgen, können sogar bummeln – denn in Vitrinen ist beispielsweise Schmuck von hiesigen Designern zu sehen – oder in den bequemen Sitzecken verweilen. Auf fünf der sechs Etagen läuft der Hotelbetrieb. In der sechsten Etage befindet sich das Hotelarchiv.

Gleich gegenüber dem Eingangsbereich liegt die bemerkenswerte, gediegene „Jimmy's Bar", die nicht nur Eigenkreationen wie einen Ruhralleecocktail bietet, sondern über die Stadtgrenzen hinaus für die Whiskyseminare bekannt

ist. Über 80 Whiskys führt Barkeeper Gerd Nienburg, ausgestellt sind Flaschen mit teils von Hand geschriebenen Etiketten. Das Licht ist gedämpft, es gibt viele Sitzecken aus dunkelbraunem Leder mit Knöpfen, dazu viel dunkles Holz.

Mit Rosen gemustert ist der grau-rote Teppich, der hinaufführt in die erste Etage. Hier befindet sich der Speiseraum. „Tu Deinem Leib etwas Gutes, damit die Seele Lust hat, darin zu wohnen" ist ein Zitat von Teresa von Avila an der Wand zu lesen. Über dem Büfettbereich und neben den hohen Holzweinregalen steht „Bon Appetit" oder „Enjoy your meal". Gemütlich und doch modern ist dieser Bereich eingerichtet, von dem aus der Blick fällt auf schöne Fenster mit Raffgar-

Der Essener Handelshof

dinen, Markisen und einem Minibalkon inklusive Aussicht auf Bäume. Man könnte glauben, in Wien zu sein – und dabei liegt gleich hinter den Bäumen der Hauptbahnhof. Der Rotton, der sich überall wiederfindet, ist charakteristisch für Mövenpick Hotels und ein Wiedererkennungszeichen. Moderne Kautzinski-Bilder schmücken die Wände.

198 Zimmer gibt es in dem Hotel, das schon bei seiner Erbauung als Hotel konzipiert war und 2013 sein 100-jähriges Bestehen feiert. Durch die quadratische Bauform mit Innenhof verfügt das Hotel über viele Eckzimmer. Alle Räume sind individuell gestaltet – und viele haben regelrecht Fans, die ein Zimmer wegen der Atmosphäre immer wieder buchen. Vier große Fenster im Zimmer 307 geben den Blick frei auf den Willy-Brandt-Platz. Sogar das Badezimmer verfügt über Tageslicht. Kariert sind die Vorhänge, die Einrichtung ist modern.

Ganz anders präsentiert sich beispielsweise Zimmer 323. In der Juniorsuite hängen an der geschwungen abgesetzten Decke Kronleuchter über dem großzügigen Doppelbett, das ganze Zimmer strahlt den Charme der 1960er Jahre aus mit einem asymmetrischem Schreibtisch mit einer Marmor nachempfundenen Oberfläche und pinker Farbgebung. Ein echtes Unikat.   LZ

Gehört zu den „führenden Hotels der Welt": Der 5-Sterne-Empfang im Schlosshotel

Schlosshotel Hugenpoet

Wer den Schlosshof betritt, der spürt Momente einer langen Geschichte, einer großen Tradition, und er freut sich auf das Innere dieses 5-Sterne-Superior-Hauses, das zu den „Leading Hotels of the World" gehört. 26 elegante Zimmer und Suiten und die Villa Türmchen sorgen dafür, dass sich der Gast wie „ein König" fühlt. Was Herberge, Küche und Keller bieten, hat schon etwas Besonderes – den Hauch von Geschichte und neuzeitliche lukullische Gaumenfreuden. Dafür sorgt die Sterne-Köchin Erika Bergheim mit ihrem engagierten Team. Wenn dann noch das Kaminfeuer prasselt und ein edler Roter im Glase funkelt,

Panorama mit Wasserschloss

Blick in die Villa „Türmchen" in der Vorburg des Schlosshotels

dann beginnt die Wohlfühl-Phase in diesem wunderschönen Ambiente.

Sieben Salons für Veranstaltungen und Feierlichkeiten von 10 bis 350 Personen bieten sehr individuelle Bankett-Möglichkeiten, das Gourmet-Restaurant NERO (1-Sterne-Restaurant) und das Hugen-Pöttchen zudem für jeden verwöhnten Gaumen individuelle Angebote.

Als Königsgut Karls des Großen fand Hugenpoet im Jahr 778 als „Nettlinghave toe Loepenheim" erstmals urkundlich Erwähnung.

Später war es ein Oberhof der Abtei Werden, der mit dem Ritter Vlecke von Hugenpoet 1314 belehnt wurde. Um 1509 errichteten die Ritter von Hugenpoet an der heutigen Stelle, etwa 200 Meter vom alten Standort entfernt, einen Neubau. Dieser blieb bis 1831

im Besitz der Familie, die sich seit etwa 1600 „von Nesselrode zu Hugenpoet" nannte.

Doch auch dieser Bau blieb von Zerstörung nicht verschont. Während des Dreißigjährigen Krieges wurde das Schloss von hessischen Truppen verwüstet. Johann Wilhelm von Nesselrode zu Hugenpoet ließ mit seiner Frau Anna von Winkelhausen sämtliche Ruinen 1647 abreißen und – mit der äußeren Vorburg beginnend – an deren Stelle Schloss Hugenpoet im Wesentlichen in seiner heutigen Form neu aufbauen. Die Arbeiten fanden 1696 unter Freiherr Konstantin Erasmus von Nesselrode zu Hugenpoet ihren Abschluss. Dessen Nachkommen hatten nicht die finanziellen Mittel, die Anlage zu halten, und so wurde das mittlerweile verfallene Schlossgut 1831 vom Freiherrn Friedrich

Leopold von Fürstenberg ersteigert, dessen Nachfahren noch heute im Besitz des Schlosses sind.

Die Fürstenbergs ließen es zwischen 1844 und 1872 unter den Architekten August Lange und Heinrich Theodor Freyse im Stil der Neorenaissance ausbauen sowie modernisieren. Zeitgleich ließen die neuen Schlossbesitzer den Schlosspark anlegen. 1879 verlegte die Familie ihren Wohnsitz dann von Schloss Borbeck gänzlich nach Hugenpoet.

Während des Zweiten Weltkriegs waren in den Schlossgebäuden Dienststellen der Wehrmacht untergebracht, denen nach Ende des Krieges Flüchtlingsfamilien folgten. Seit 1955 wird das Wasserschloss als Hotel-Restaurant genutzt.

WM

Sheraton

2011 feierte das Sheraton an der Huyssenallee sein 30-jähriges Bestehen. Das Hotel mit 206 Zimmern hat sich innen nach und nach komplett gewandelt, ist modernisiert – streng nach einem der Kette eigenen Design-Konzept. Denn wer die großzügige Hotelhalle betritt, trifft gleich auf die so genannte Link@Sheraton-Ecke. Hier können Gäste an Rechnern arbeiten, geschützt durch eine ansprechende Trennwand – und doch so offen, dass sie kommunizieren können. An einem runden Tisch dürfen eigene Laptops angeschlossen, Kontakte geknüpft werden.

Stimmungsvoll beleuchtet blaues Licht die Bar, in der Bistro-Ecke mit Blick auf den Stadtgarten sind die Sesselchen lila. Rot ist die dominierende Farbe im Restaurant. Vom Hotel aus gibt es einen direkten Durchgang zur Philharmonie, mit der das Hotel auch kooperiert, sich zusammengeschlossen hat zum Philharmonie Conference Center (PCC). So können Tagungen mit bis zu 1900 Teilnehmern organisiert werden.

Durch Atmosphäre besticht der Sauna-Bereich mit bunten, schimmernden und geschwungenen Mosaiksitzbänken sowie stimmungsvoller Beleuchtung. Die sechste Etage ist als Club-Etage ausgelegt. Wer hier residiert, kann von der Club-Lounge profitieren und in einer heimischen Umgebung Mahlzeiten, jederzeit Getränke, TV und Arbeitsraum genießen.

Zimmer in sechs verschiedenen Kategorien bietet das Sheraton an, in dem schon Fußball-Bundesliga- und -WM-Teams logierten und logieren, dazu Bands, die in der Gruga Konzerte geben. Und auch viele große Staatsgäste genossen und genießen den Komfort.

Gediegen und großzügig sind die Suiten, teils im Laura-Ashley-Stil. Die Wandvertäfelung in der Park-Suite – der berühmtesten Bleibe in dem Hotel – ist noch original. Sie bietet so viel Raum wie eine komplette Wohnung. Sogar Michael Jackson wohnte hier schon.

Riesig ist der Sheraton-Komplex mit noch eigener Wäscherei für Tischwäsche und Mitarbeiter-Bekleidung. Sogar eine freundlich gestaltete Mitarbeiter-Kantine gibt es im Keller – mit der Möglichkeit, sich auf einer Außenterrasse zu entspannen. Beeindruckend sind die technischen Anlagen im Keller – die teils noch original sind. Keilriemen für die Motoren der Lüftungsanlage sind an der Wand fein säuberlich sortiert.

Der einst legendäre Partyclub Papageno wird heute noch für Veranstaltungen geöffnet. LZ

Die legendäre Park-Suite, in der auch bereits Michael Jackson gewohnt hat

Eine der besten Adressen der Stadt an der Huyssenallee

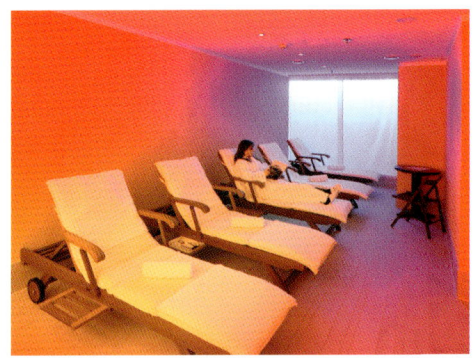

Wellness inklusive

Teil einer der ältesten Zechensiedlungen des Ruhrgebiets: Das liebevoll restaurierte und mit Originalmöbeln ausgestattete Ferienhaus im Drokamp

Vierspänner

Die Ferienwohnung Vierspänner ist ein echtes Juwel, führt zurück in alte Zeiten. Liebevoll ist das Zechenhäuschen von Anne Weisberg eingerichtet worden, die das Haus noch im Originalzustand kannte, sich daran erinnert, wie ihre Mutter samstags im Keller das Wasser heiß machte und in die Zinkbadewanne kippte. Auf gut 50 Quadratmetern, verteilt auf drei Etagen, wohnte damals ihre siebenköpfige Familie. Zwei Schlafzimmer, einen Wohnraum, die Küche, den Keller teilten sich drei Generationen. Genau diese Wohnung in der Siedlung Ottekampshof, Drokamp 25, vermietet sie jetzt als Ferienwohnung Vierspänner.

Unter Denkmalschutz steht der historische Vierspänner, gebaut 1899, der bis 2003 restauriert und originalgetreu eingerichtet wurde. Auf Komfort verzichten müssen die Besucher trotzdem nicht – aber wer mag, kann in der Zinkbadewanne baden. Von Anne Weisbergs Großvater gebaute Kohlen- und Kartoffelkisten stehen weiterhin im Keller der Nachbarwohnung, Drokamp 25a, ihre Mutter wohnt noch dort.

Über den Eingangsraum gelangen Besucher in die gemütliche Wohnküche. Neben dem alten, noch zu befeuernden Herd steht auch eine moderne Kochgelegenheit. Rechts an der Wand befindet sich gleich ein Waschbecken. Eine Holz-

treppe mit weiß-rotem Geländer führt in die erste Etage mit den Schlafgelegenheiten.

Das Haus herzurichten, war nicht leicht, alles Alte war herausgerissen. Nach und nach bekam Anne Weisberg von einer Wohnungsbaugesellschaft alte Türen, Nachbarn brachten, was sie eigentlich wegwerfen wollten. Sogar Kohle können

Gäste heute im Keller schnuppern. Die Details bis hin zum Radio stimmen in dem Häuschen.

Bücher laden Neugierige ein, sich über die Historie des Stadtteils zu informieren. Anne Weisberg möchte, dass Besucher nicht nur Zollverein, sondern auch die Stadtteile Katernberg, Schonnebeck, Stoppenberg kennen lernen. LZ

Anne Weisberg vor ihrem historischen Zechenhaus in Essen Katernberg

Villa Vogelsang

Die 1840 erbaute Villa Vogelsang, das heutige „Linuxhotel" mit Nebengebäuden befindet sich in einem eingezäunten, 25.000 Quadratmeter großen Privatpark auf einem Felsen etwa 30 Meter oberhalb der Ruhr an der Antonienallee 1 in Horst. Sowohl das Haupthaus als auch die Remise wurden 1994 mit großem Aufwand durch den Computerindustriellen Reinhard Wiesemann jahrelang komplett restauriert. Er stellte mit Hilfe der Denkmalbehörde der Stadt das klassische Aussehen der Villa wieder her.

Auf dem runden Grün vor dem Haupthaus ist Lummerland mit funktionierender Eisenbahn in Miniatur nachgebildet. Neben der Remise steht ein Automat, mit dessen Hilfe eine Parkbeschallung gewählt werden kann – von Gedichten über klassische Musik bis hin zu Klängen von Simply Red oder Norah Jones reicht die Auswahl.

In dem Haupthaus, zu dem hin sich nur noch eine der drei Türen öffnen lässt, sind unten Schulungsräume untergebracht – oben jedoch Privatwohnungen. Die Stuckdecken wurden wieder hergestellt – den Foyerbereich des Hauses restaurierte der Kunsthistoriker Dr. Ulrich Eltgen. Er zeichnet auch verantwortlich für die Wandmalereien auf Gips im Erdgeschoss, die wirken wie Marmor. Selbst die Türmaserungen wurden nachgebildet.

Die Eingangshalle mit Säulen ist hoch. Hier steht ein Massagesessel, auf den nach Gebrauch wieder ein Pappkarton gelegt werden soll, damit Katzen ihn nicht als Ruhestelle nutzen. Stehpulte laden zum Lesen in Büchern und Zeitschriften ein. Gemütlich ist hier alles

Treppenhaus

Links neben der Villa Vogelsang liegt die Remise

Foyerbereich

Eingangsbereich mit Massagesessel

eingerichtet, sodass die große, beeindruckende Halle einladend und gastlich wirkt. Folgt man dem Gang nach links, erreicht man ein altes, wunderschönes Treppenhaus mit noch original erhaltenen Lampen und Holztreppenstufen, über die Teppich gelegt wurde. Sie führen zu Privatwohnungen.

In der Remise sind neun große Gästezimmer und Suiten untergebracht. Jede Tür und jedes Möbel wurde eigens für das Hotel gefertigt. In einigen Zimmern sind noch die alten Holzbalken zu finden, die für Atmosphäre sorgen. Gemütlich präsentiert sich auch der Frühstücksraum im Erdgeschoss mit Kaminecke.   LZ

Gästezimmer in der Remise

Schulungsraum

Wurde 2008 zum besten Theaterbau Deutschlands gewählt: Das Aalto-Theater

Aalto-Theater

Der finnische Architekt Alvar Aalto gestaltete das Musiktheater, das seinen Namen trägt. An den Linien und Formen der Natur orientiert sich das Gebäude gleich am Rand des Stadtgartens mit der geschwungenen Außenfassade. Selbst die Innenausstattung gab Aalto präzise vor, gleich ob Lampen, Türgriffe, Handläufe. 1988 wurde das Theater fertiggestellt. Auch hier kommt nichts ohne Schwung aus. Großzügig und freundlich ist die Empfangshalle mit der Garderobe. Zum Stadtgarten hin geben große Fensterfronten den Blick auf den Park frei – sowohl unten in der Gastronomie als auch in der ersten Etage, von wo aus die Zuschauer auch in den Theatersaal gelangen. Auch eine Terrasse hin zum Grünen gibt es. 2008 noch wurde das Haus von Architekturkritikern zum besten Theaterbau Deutschlands gewählt.

Indigoblaue Sitze dominieren den Zuschauerraum, in den auf zwei Rängen 1.125 Zuschauer Platz nehmen können.

Blick von der leeren Bühne …

… in den Zuschauerraum für 1.125 Theatergäste

Früher Gefängnis und Folterkammer, heute Ausstellungsort und Heimatmuseum im Besitz der Bürgerschaft Rellinghausen-Stadtwald …

Blücherturm

Kein düsterer Ort mehr, sondern ein Juwel im Stadtteil Rellinghausen, so präsentiert sich heute der „Blücherturm": Früher war der alte „Blücherturm" Gefängnis, Folterkammer und Schauplatz von fast 40 Hexenprozessen. Erbaut wurde er im Jahre 1567 als Gerichtsturm der adligen Stiftsdamen und

… und eine der schönsten Geschichtswerkstätten der Stadt Essen

hat seither viel erlebt. Nach seiner Renovierung wurde der „Blücherturm" zum freundlichen hellen Ort für Vorträge und Ausstellungen umfunktioniert – in der Geschichtswerkstatt unter dem Dach sind Berichte und Dokumente aus alten Zeiten gesammelt.

Seinen Namen hat der „Blücherturm" eher zufällig erhalten: Im vergangenen Jahrhundert lebte die Familie des Stadt-polizisten Robeck in dem Gebäude. Polizist Robeck hieß bei den Rellinghause-nern nur „der alte Blücher", weil er dem preußischen Feldmarschall so ähnlich sah. 1996 aber, als der Essener Stadtteil Rellinghausen sein 1.000-jähriges Bestehen feierte, stand der traditionsreiche Gerichtsturm im Abseits: Er war marode und wurde allenfalls noch sporadisch für Veranstaltungen genutzt. Die Zeiten, in denen der zweigeschossige Turm die umliegenden Gebäude überragte, waren längst vorbei. Kurze Zeit später erwarb die Bürgerschaft Rellinghausen-Stadtwald das nur 103 Quadratmeter große Grundstück, um den Turm zu renovieren und in einen Ort für Vorträge und Ausstellungen zu verwandeln. Die Ehrenamtlichen des 1910 gegründeten Bürgerschafts-Vereins entkernten das denkmalgeschützte Gebäude in Eigenregie, sorgten für Sachspenden und Einrichtung.

Seit der Wiedereröffnung im Oktober 1998 spielt der von Efeu umrankte Blücherturm erneut eine große Rolle in Rellinghausen. Er ist heute zentrale Anlaufstelle für Besuchergruppen und Schulklassen, die sich in der Bibliothek der Geschichtswerkstatt im Foto- und Kartenarchiv über die Vergangenheit des Turms und „seines" Stadtteils informieren. WM

Hat eine neue Rolle als Tagungsort gefunden: Das Colosseum-Musicaltheater in der ehemaligen Kruppschen „Mechanischen Werkstatt"

Colosseum Theater

Das Colosseum Theater steht dort, wo sich früher das „Tor zur Kruppstadt" befand. Das ehemalige Musical-Theater (bis Juli 2010) ist heute eine Veranstaltungshalle im Essener Westviertel, die seit August 2010 vom Eigentümer Stage Entertainment für diverse Veranstaltungen vermietet wird. Das Colosseum Theater Essen mit rund 1.700 Plätzen und einer einmaligen industriellen Atmosphäre hat sich als einzigartige Event-Location in NRW etabliert. Das Backsteingebäude unweit der Essener Innenstadt wurde 1900/01 als dreischiffige Industriehalle mit dem Namen „8. Mechanische Werkstatt" der Krupp Gussstahlfabrik errichtet. Rund 2.000 Menschen stellten hier unter anderem Waffen, Lokomotivrahmen und Kurbelwellen für Schiffe her. Die ehemalige Industriehalle mit erhaltenen Jugendstilelementen be-

sticht durch ihre einzigartige Architektur aus kühlen Stahlkonstruktionen und Backstein-Fachwerk.

Januar 1993 wurde bei einem Auftaktworkshop beschlossen, die alte Industriebrache rund um die ehemalige Fabrikhalle umzubauen, um das Gebiet attraktiver für den Tourismus zu gestalten und um neue Industrien anzusiedeln. Im Juli 1994 wurde ein Nutzungskonzept vorgelegt, dass unter anderem vorsah, das alte Industriegebäude in ein Musical-Theater umzubauen. Dabei blieben die

Das kulturelle Tor zur Weststadt

alte Stahlkonstruktion und das verglaste Dach in ihrem Originalzustand sichtbar. In die Halle mit ihren Jugendstilelementen wurde der Bühnenturm eingesetzt. Der Zuschauerraum wurde als eigenständiger Baukörper integriert (Raum im Raum), eingehängte Emporen umgeben das 25 Meter hohe Foyer und die Seitenschiffe. In das Bühnenhaus mit seinen historischen Elementen und dem 14 mal 7 Meter großen Portal wurden Schnürböden und Beleuchterbrücken eingefügt. Die genieteten Stahlträger und das Mauerwerk samt Fachwerkkonstruktion wurden frisch gereinigt und versiegelt. Heute ist die Location sehr gefragt: für Pressekonferenzen, Produktpräsentationen, Symposien, Kongresse, festliche Anlässe, Preisverleihungen und Theatergastspiele.

Der Name Colosseum Theater soll an den gleichnamigen Kulturpalast in Essen erinnern, der zwischen 1899 und 1919 zu den bekanntesten Varietés im Rheinland gehörte und in Essen für Furore sorgte.   WM

Folkwang-Musikschule

An der Folkwang Musikschule (FMS) unterrichten 200 Lehrkräfte über 8.000 Schüler in Musik und Tanz aus fast allen Epochen und Stilen. Es gibt Kurse in nahezu jedem Instrumentalfach, in Gesang, Schauspiel, Musical und Musiktheorie. Hinzu kommen die studienvorbereitende Ausbildung, die Spitzenförderung herausragender Talente in der S-Klasse, integrative Unterrichtsprojekte und die Rock-Pop-Schule. Damit ist die FMS eine der größten Musikschulen Deutschlands.

Seit 2003 befindet sich ihre Zentrale am Rande der Innenstadt in der Weststadthalle, einer ehemaligen Krupp'schen Industriefabrik, die restauriert wurde und mit einer Glashülle – weil zuvor kein Wärmeschutz gegeben war – ein ungewöhnliches Gewand erhielt. Noten sind heute darauf zu sehen. Eine Übertragung eines Ausschnitts der Originalpartitur einer Klaviersonate von Ludwig van Beethoven bildet eine eigenständige Informationsebene auf der Glasfassade.

Der Eingang zur Schule befindet sich im Westen an der Hauptfassade mit Blick auf den Platz. Die Klassenräume und die Verwaltung liegen als natürlich belüftete und belichtete Räume in der Halle 7 mit Ausrichtung auf den begrünten Platz. Die Probebühne und das ihm vorgelagerte Foyer liegen als zweigeschossiger Saal in der zweiten Etage der Halle 5. Auf 2.600 Quadratmetern bietet die FSM in der Weststadthalle über 30 geeignete Unterrichtsräume, Ensemble- und Fachräume, ein zeitgemäßes Tonstudio und eine Aula mit ansprechendem Foyer und Café. Der Schauspielraum eignet sich für kleine Aufführungen, die Aula fasst, je nach Bühnengröße, 120 bis 140 Zuschauer. Der Große Saal, der mitgenutzt werden kann, bietet Platz für etwa 600 Zuschauer. LZ

Außen Glas fürs Klima …

… innen viel Raum für Präsentationen und Konzerte im großen Saal der Weststadthalle

Kreuzgewölbe aus dem 12. Jahrhundert

Folkwang Universität der Künste

1927 gründeten der Operndirektor Rudolf Schulz-Dornburg und der Choreograph Kurt Jooss die Folkwangschule für Musik, Tanz und Sprechen in Essen. 1928 erhielt dann die bereits bestehende Fachschule für Gestaltung diesen Namen. Heute ist die Folkwang Universität der Künste eine der bedeutendsten Kunst- und Musikhochschulen Deutschlands. Ihr Standort in Werden – seit 1946 in der 799 als Benediktinerkloster gegründete Abtei – ist geschichtsträchtig. Davon zeugen auch allenthalben Spuren im Inneren des Gebäudes. Jeder Stein auf dem Hof vor der frisch restaurierten Fassade gilt als Teil des Bodendenkmals.

Teile der alten Stadtmauer ziehen sich durch die Neue Aula, die eben so groß ist wie das Grillo-Theater. Wegen dieser Mauer, die in die Architektur eingeplant wurde, hat der Zuschauerraum einen asymmetrischen Grundriss. Das äußerlich symmetrische Haus steht auf dem Gelände der ehemaligen klösterlichen Viehwirtschaft. Im gesamten Foyer befinden sich noch preußische Kappendecken. Das Foyer selbst ist großzügig; Säulen stehen mitten auf dem Treppenaufgang zum Kammermusiksaal und zur Neuen Aula, die 1985 nach einem Entwurf des Kölner Architekten Böhm gebaut wurde.

Eine Bruchsteinwand in einem faszinierenden Gang im Nordflügel ist vermutlich ein Rest der Längswand der einstmals hier stehenden Stephanuskapelle. Ihr gegenüber gibt eine Glasfront den Blick frei auf die Basilika. Hier war früher vermutlich ein Teil des klösterlichen Kreuzganges. Eine spätromanische Säulenbasis aus der zweiten Hälfte des 12. Jahrhunderts zeugt von der Zeit. Zu sehen ist hier auch ein spätgotisches Profil eines Fensters, das als Relikt belassen wurde.

Im Südflügel gibt es einen erst in den 1980er Jahren freigelegten Kellerraum

Die alte Abtei schmiegt sich an die Werdener Basilika

Proben auf der Bühne der neuen Aula mit Teilen der Stadtmauer

mit Kreuzgewölben aus dem 12. Jahrhundert, in dem die Folkwang Universität der Künste 18 hochmoderne E-Learning-Arbeitsplätze eingerichtet hat.

Die Hochschule schmiegt sich eng an die Werdener Basilika, von einigen der frisch renovierten Tanzsäle aus ist sie nur eine Armlänge entfernt und gut durch die Fenster zu sehen. Die Räume zeigen sich in ganz neuem Glanz und mit modernster Technik inmitten einer barocken Hülle. Die im Zuge der Sanierung eingebauten Kühldecken der Säle sind eine seltene aber notwendige Installation. Die aufwändige Konstruktion sorgt für eine konstante Klimatisierung. In einem der drei je 145 Quadratmeter großen Tanzsäle steht noch eine weiße Holzbank, auf der schon die Tanzlegende Pina Bausch gesessen haben soll. Überall muss der Hochschule der Spagat gelingen zwischen Denkmalschutz und den Ansprüchen an moderne Übungs- und Unterrichtsräume. So wurden als Reminiszenz mehrere vermutlich damals vorhandene Fenster und Türen in den Sälen durch Putzaufdoppelungen aufgenommen und angedeutet.

Im daneben liegenden Preußenflügel, erbaut von 1852 bis 1854, sind während der Sanierung ab 2002 in Foyer und Veranstaltungsraum des Pina Bausch Theaters sehr seltene Eisengussstützen aus dem vorigen Jahrhundert wieder freigelegt worden. LZ

Bruchsteinwand mit Glasfront

35

Für das Schauspielpublikum unerreichbar: Die Verbindung zwischen Bühne und Kulissenhaus …

Grillo-Theater

Das vom Architekten Heinrich Seeling Anfang der 1890er Jahre im neobarocken Stil erbaute, Ende der 1980er Jahre von Werner Ruhnau umgebaute Grillo-Theater ist in Essen bekannt – doch das dazugehörige Kulissenhaus fristet ein Schattendasein. Dabei besticht es nicht nur durch seine Fassade, sondern auch durch ausgeklügelte Funktionalität. Der langgestreckte, dreigeschossige Bau, dessen Fassade an der Trentelgasse romantisch mit Efeu bewachsen ist, entstand 1907 bis 1908 und steht unter Denkmalschutz. Auf der Höhe des ersten Obergeschosses ist er über eine fensterlose, geschlossene Brücke mit dem Grillo-Theater verbunden. Genannt wird sie von Schauspielern und Technikern „Seufzerbrücke". Das Treppenhaus wird durch einen turmartigen Aufsatz mit Mansardhelm betont, heißt es in der Denkmalliste, und ist rundum durch hochrechteckige Fenster belichtet. Der Handlauf hier ist fliederfarben angestrichen.

Immer noch dient das Gebäude als Lagerfläche für die Kulissen der aktuell am Grillo-Theater laufenden Produktionen.

Per Lkw werden sie von den inzwischen ausgelagerten Werkstätten angeliefert, in einen Aufzug und dann in den Lagerraum gebracht – oder über die Brücke direkt auf die Hinterbühne. Während der Aufführungen ist die Brücke nur schwach blau beleuchtet.

Im eigentlichen Lager mit weiß getünchten Wänden steht alles, was für die Aufführungen der Spielzeit notwendig ist. Auch eine Werkbank ist noch vorhanden. Die großen Kulissenteile finden Platz zwischen rostroten Stahlträgern. Auf einer Empore befindet sich ein Re-

quisitenfundus hinter einer Gitterwand. Stehen die Kulissen und Dekorationen im Lager dort im Raum, wo sie hinpassen, ist hier alles in Metallregalen in Ordnungssystemen verstaut.

Über dem Lager befindet sich die Ex-Schreinerei, auf die von der Trentelgasse noch ein rotes Pfeilschild hinweist. Sie ist heute eine Probebühne, diente aber auch während eines Umbaus der Studiobühne ‚Casa Nova' für kurze Zeit als Aufführungsstätte. Ausreichend Platz bietet das Gebäude außerdem für Büros – mit Blick auf den Hirschlandplatz. LZ

… „Seufzerbrücke" nennt sie das Ensemble

Bühnenbilder im Kulissenhaus des Grillo-Theaters

Der Künstler und sein Werkzeug: Thomas Rother baut in seinem Kunstschacht Brücken zwischen industrieller Vergangenheit und kreativer Zukunft

Kunstschacht Zollverein

Der Künstler Thomas Rother und seine Frau Christa leben und arbeiten seit 1990 in ihrem Kunstschacht, dem ehemaligen Maschinenhaus von Schacht 1/2/8 der Welterbe-Zeche Zollverein. Damit ist das fleißige Ehepaar Besitzer eines Stücks vom „Weltkulturerbe Zollverein". Zollverein-Pionier Rother, der bereits 1982 im Gebäude des heutigen „Casino" ein Atelier unterhielt, ist einer der bedeutenden Kreativen des Ruhrgebiets. Als Maler, Bildhauer, Schriftsteller und Sammler baut er Brücken von der industriellen Vergangenheit in die kreative Zukunft der Region.

Sein großes Schaffen spiegelt eine Zeit wider, als Zollverein noch Zeche war: aus Rost gefertigte Farben, Installationen aus alten Werkzeugen, Geschichten aus vergangenen Tagen. Sein Atelier im ehemaligen Maschinenhaus auf Schacht 1/2/8 ist Wohnraum und Ausstellungshalle zugleich, in der sich lebendig gewordene Geschichte zeigt. Hier arbeitet ein Künstler der Gegenwart, der Dinge aus der Vergangenheit rettet, neu deklariert, umwandelt, verbindet und zu neuen Farben, Formen und Anregungen verknüpft. Ein Besuch im Kunstschacht ist wie eine Reise in die Zeit des Bergbaus, sie ist aber auch ein Schritt in die Welt eines sympathischen Menschen, dessen Wirken schier unerschöpflich zu sein

Im ehemaligen Maschinenhaus von Schacht 1/2/8 arbeitet er an seinen Projekten, wie hier an den Europa-Rädern

scheint, der auch den arbeitenden Menschen stets in den Mittelpunkt seiner Arbeiten gerückt hat, den Menschen mit seinen Stärken und seinen Schwächen.

Thomas Rother ist der Sohn eines Buchhändlers und stammt aus der ehemaligen DDR. Nachdem er sein Abitur gemacht hatte, übersiedelte er 1955 in die Bundesrepublik. Hier absolvierte er bis 1958 eine Lehre als Maurer, die er mit der Gesellenprüfung abschloss. Anschließend studierte er von 1959 bis 1961 an der Universität Münster Publizistik, Soziologie und Germanistik. Ab 1962 war er als Journalist tätig und gehörte der Essener Redaktion der Westdeutschen Allgemeinen Zeitung an. Ende der 1960er Jahre begann er mit der Veröffentlichung literarischer Werke; ab 1981 trat er als bildender Künstler mit Skulpturen aus Holz, Stein und Stahl, Installationen und grafischen Arbeiten an die Öffentlichkeit; seine Werke wurden in zahlreichen Museen des In- und Auslandes ausgestellt. 1984/85 war er Gastprofessor an der Universität Duisburg-Essen. Thomas Rother ist Verfasser zahlreicher Romane, Erzählungen, Reportagen, Gedichte und Liedertexte. Er ist Mitglied im Verband Deutscher Schriftsteller und wurde 1981 mit dem Luise-Rinser-Preis ausgezeichnet. 1990 erhielt Rother ein Arbeitsstipendium der Alfred-und-Cläre-Pott-Stiftung und 1985 den Kulturpreis der Evangelischen Kirche im Rheinland sowie 2000 das Atelierstipendium im „Kunstkäfig" der Sutter-Gruppe u. a. WM

Die Essener Kino-Legende innen: der größte Kinosaal der Republik

Lichtburg

Das unter Denkmalschutz stehende Kino Lichtburg an der Kettwiger Straße in unmittelbarer Nähe des Grillo-Theaters ist mit 1.250 Sitzplätzen Deutschlands größter Filmpalast. Bereits bei seiner Eröffnung 1928 galt er als das modernste Filmtheater in Deutschland. Entworfen wurde der Bau von Ernst Bode. Den Innenausbau mit der Kuppel von zwanzig Metern Durchmesser über-

nahm das Büro Heydkamp und Curt Bucerius nach Entwürfen des Regierungsbaumeisters Kaminski. Da der Innenraum im Zweiten Weltkrieg komplett ausbrannte, wurde er in den 1950er Jahren wieder aufgebaut. Noch heute zeugt die historische Filmbar von dieser Zeit. Restauriert wurde das Haus in den Jahren 2002 und 2003. Neue Kino- und Bühnentechnik wurde eingebaut. Nach wie vor verbirgt sich hinter der aufrollbaren Leinwand eine große Bühne u.a. für Theaterveranstaltungen.

Es gibt noch einen zweiten, kleinen Filmsaal, genannt Sabu, im Untergeschoss. Das Ex-Atelier-Theater aus den 1970er Jahren ist der heutige Blaue Salon.

Das Foyer ist großzügig und klar strukturiert, wird von Säulen gegliedert. An den Seiten führen die breiten Treppen hinab zu den Toiletten und der Garderobe und hinauf zum Balkon mit u.a. heimeligen Logenplätzen. Von hier ist die Pracht des Saals besonders gut sichtbar. LZ

Die Essener Kino-Legende außen: Vorfahrt der Stars und Prominenten am roten Teppich

Stadtarchiv/ Haus der Essener Geschichte

Das Haus der Essener Geschichte/ Stadtarchiv ist die zentrale Dokumentationsstelle zur Essener Stadtgeschichte. Es bewahrt und erschließt die Urkunden, Amtsbücher und Akten, die bis ins Mittelalter zurückreichen und gibt auch Nachlässen, Firmen-, Partei- und Vereinsunterlagen eine imposante Bleibe. Zum Haus der Essener Geschichte/Stadtarchiv gehören ferner umfangreiche Zeitungsbestände, die Fachbibliothek „Stadt & Region" mit der stadtgeschichtlich relevanten Literatur und die neue Dauerausstellung „Essen – Geschichte einer Großstadt im 20. Jahrhundert".

Untergebracht ist das Haus der Essener Geschichte/Stadtarchiv seit Oktober 2009 in der 1906 bezogenen und 1988 unter Denkmalschutz gestellten ehemaligen Luisenschule, die auch noch vom Burggymnasium für den Unterricht genutzt wird. Sowohl die Besucher des Hauses der Essener Geschichte/Stadtarchiv als auch die Schülerinnen und Schüler nutzen denselben Eingang, der geschmückt ist von drei steinernen Schülern links, die in ein Buch schauen und drei Schülern rechts, von denen einer ein Saiteninstrument spielt, und gelangen dann in ein imposantes Foyer. Zu den Büros im rechten Seitengang führt der Weg über einen teils noch mit historischen Fliesen ausgelegten Gang, dessen kunstvolles Gewölbe indirekt beleuchtet wird. Rundbogennischen sind rot gestrichen.

Ergänzt wurde der Komplex um einen vielfach ausgezeichneten Neubau, in dem sich auf vier Etagen das Magazin des Hauses der Essener Geschichte befindet. Hier stehen über zwei Meter hohe Rollregale, die Platz bieten für 16,5 Kilometer Archivalien. Zehn Kilometer sind bereits belegt. Für die nächsten 30 Jahre müssten die verbleibenden Kilometer als Lagerfläche ausreichen, so die Schätzungen. Zahlreiche Kartenschränke sind ebenfalls vorhanden. Vier Archivarinnen und Archivare entscheiden über die Aufbewahrungswürdigkeit von städtischen Akten nach Ablauf der gesetzlichen Aufbewahrungsfrist.

Über den Computer wird das Klima im Magazin gesteuert. Es gibt Außentemperaturfühler und innen installierte Messgeräte. Abhängig von den Messungen öffnen sich die zur Sonnenseite hin dunkel abgeklebten und die gegenüberliegenden Fenster bzw. es wird die Heizung ein- oder ausgeschaltet. Ein Spezialputz innen kann zudem Feuchtigkeit aufnehmen und abgeben. Die hinterlüftete Außenhaut aus rostigem Cortenstahl hält Feuchtigkeit ab und verhindert eine Aufwärmung durch direkte Sonneneinstrahlung. Draht vor den Fenstern schützt zudem vor Ungeziefer und Eindringlingen.   LZ

Bietet Platz für 16,5 Regalkilometer Archivarien: Das Stadtarchiv in der ehemaligen Luisenschule

Geschichte im Stahlmantel

Blick in das Foyer-Gewölbe

Architektonische Treffen

Noch leer, aber schon sehr beeindruckend: Der große Saal der Wechselausstellungen …

Museum Folkwang

Das Museum gehört zu den kulturellen Höhepunkten der Stadt und besitzt durch die außergewöhnliche „ständige Sammlung" europäisches Format. Kunstliebhaber aus ganz Europa wissen um die Schätze, die an der Bismarckstraße zusammengetragen wurden. Der lichtdurchflutete Neubau des britischen Architekten David Chipperfield – „nicht das Gebäude ist wichtig, sondern die Kunst, die dort gezeigt wird" – sorgt seit 2010 für den attraktiven äußeren Rahmen des Museums, dessen Wurzeln in Hagen liegen. Der Altbau sollte im Konzept des Neubaus als selbstständiger Baukörper erhalten bleiben. Chipperfield übernahm mit Innenhöfen und großen

Fenstern die Transparenz und Offenheit des Altbaus. Der Besucher erblickt auch im Neubau Kunstwerke bereits von der Straße durch die großen Fenster. Beide Gebäude ergeben heute ein einmaliges Ensemble, das vor allem der Begegnung mit den Kunstwerken dient.

Das Museum wurde 1902 in Hagen von dem Industriellen und Kunstmäzen Karl Ernst Osthaus eröffnet und hatte lange Zeit eine Vorreiterrolle im Bereich der Modernen Kunst. Nach dem Tod von Osthaus 1921 wurde seine Sammlung auch durch Initiative des damaligen Oberbürgermeisters und späteren Reichskanzlers Dr. Hans Luther für 15 Millionen Reichsmark nach Essen verkauft, wo sich der Folkwang-Museumsverein mit dem Ziel konstituiert hatte, sie zu erwerben. Seitdem wird das Museum in Essen mit großem Sachverstand

Blick über die Alfredstraße

… dort findet am 11. November 2009 die erste Pressekonferenz von Berthold Beitz und Architekt David Chipperfield statt

weitergeführt. Die Sammlung enthält bedeutende Werke des Impressionismus, des Expressionismus, des Surrealismus und weiterer Stilrichtungen der Modernen Kunst. Zudem besitzt das Museum Folkwang Objekte des Kunstgewerbes, eine graphische und eine photographische Sammlung und beherbergt das Deutsche Plakatmuseum. Während der Zeit des Nationalsozialismus verlor das Museum bedeutende Bestandteile der Sammlung. Nach dem Krieg konnten diese Verluste größtenteils durch Rückkauf oder Neuerwerbungen ersetzt werden.

2006 finanzierte die Alfried Krupp von Bohlen und Halbach-Stiftung durch ihren engagierten Vorsitzenden Berthold Beitz den Neubau des Museums Folkwang mit 55 Millionen Euro. Der Neubau von David Chipperfield wurde am 28. Januar 2010 offiziell eröffnet. WM

Philharmonie

Als der weltberühmte Dirigent Kurt Masur nach einem Konzert in der neuen Essener Philharmonie das Haus als „eines der schönsten Konzerthäuser Europas" bezeichnete, kam dieses Kompliment einem „Ritterschlag" gleich. Die Essener Philharmonie, die wie ein Phönix aus der Asche aus dem traditionsreichen Essener Saalbau entstand, ist heute eines der erfolgreichsten Konzerthäuser Deutschlands. In den Jahren 2003 bis 2004 wurde der Saalbau als Sitz der Philharmonie Essen nach Plänen des renommierten Kölner Architekten Prof. Peter Busmann vollständig renoviert und mit neuer technischer Ausstattung versehen. Am 4. Juni 2004 fand die Wiedereröffnung statt. Der etwa 800 Quadratmeter große Alfried Krupp Saal – finanziert von der Alfried Krupp von Bohlen und Halbach-Stiftung – bietet bis zu 1.906 Konzertbesuchern Platz. Der RWE-Konzern förderte den Bau des gleichnamigen Glaspavillons und erweiterte den historischen Komplex zum Stadtgarten um einen modernen Akzent. Ein Festsaal im so genannten Saaltrakt mit 240 Quadratmetern Größe wird für kleinere Konzerte,

Das Foyer während eines Medizinkongresses

Konferenzen oder Präsentationen genutzt. Im oberen Geschoss des Saaltraktes befinden sich nach wie vor drei kleine Säle für diverse Veranstaltungen. Das Restaurant „Wallberg" erinnert an den früheren Essener GMD Prof. Heinz Wallberg.

Zur Geschichte: Ein Konzert- und Veranstaltungshaus an gleicher Stelle wurde bereits im Jahr 1864 fertiggestellt. Im Jahr 1901 wurde dieser Stadtgartensaal abgerissen und ein repräsentativeres Konzerthaus errichtet, das am 24. September 1904 eröffnet wurde. Der „Saalbau" war wiederholt Schauplatz bemerkenswerter musikalischer Veranstaltun-

Panorama des Alfried Krupp Saals: Platz für 1.906 Konzertbesucher.

2004 ist der historische Saalbau zum modernen Konzerthaus umgebaut worden

Dirigent Kurt Masur nannte die Essener Philharmonie nach einem Gastspiel „eins der schönsten Konzerthäuser Europas"

gen, beispielsweise dirigierte Gustav Mahler hier im Jahre 1906 im Rahmen des 42. Tonkünstlerfestes seine 6. Sinfonie, worauf 1913 Max Reger mit der Uraufführung seiner Böcklin-Suite folgte. Der alte Saalbau stand bis zum 26. Juli 1943, als ein Bombenangriff nahezu die gesamte Essener Innenstadt zerstörte. 1954 entstand unter Einbeziehung der noch verwendungsfähigen Bausubstanz der „Nachkriegs-Saalbau", der im schlichten Stil der 1950er Jahre gehalten war. Hier fanden zahlreiche herausragende Konzertaufführungen mit weltberühmten Künstlern, Bälle und Kongresse statt.

WM

Unperfekthaus

Hier halbkugelige Erhebungen auf kaltem Metall, gegenüber begrünte Balkone mit Kronleuchtern, bunten Mosaikbildern, Gemälden, Hängesesseln – hier das Einkaufszentrum Limbecker Platz, gegenüber an der Friedrich-Ebert-Straße 18 das sich stets wandelnde Unperfekthaus (UpH): Knapp 200 Kreative tummeln sich auf 3.400 Quadratmetern in dem ehemaligen Franziskanerkloster. Dort, wo früher der Altar stand, spielen heute Bands auf, zeigen Theatergruppen ihr Können. In den Räumen, die einmal die Zellen der Mönche waren, können sich Philosophen, Techniker, Designer, Maler und Kreative aller Art ausprobieren – ohne Miete zu zahlen. Dafür treten sie mit Besuchern in Kontakt, die für Eintritt und Getränke eine Flatrate zahlen. Zwei Restaurants gibt es, jedes für sich einzigartig. Der Essraum im Erdgeschoss wartet mit einer modernen, ansprechenden Einrichtung auf – und überraschend einer Nische, die mit Sitzkissen ausgelegt und in Rottönen mit einer asiatischen Landschaft bemalt ist. An den Türen zu den Räumen hängen aufgeklappt Laptops, deren Bildschirme das Programm in dem Raum im Überblick anzeigen.

In der Gastronomie oben stehen Kerzen in einem Kamin, vor dem zwei Sessel zum Verweilen einladen und neben dem eine Gitarre steht, die von Gästen gespielt werden möchte. Ein grüner, gemütlicher Innenhof ist ideal für Raucher. Über zwei verschieden gestaltete Treppenhäuser sind die Etagen erreichbar. Von der gemütlich möblierten Dachterrasse aus zeigt sich die Stadt von einer ganz eigenen Seite mit Ausblick auf Einkaufszentrum, Kirche, Sparkasse, aber auch alte Stadthäuser. Kamine auf den Dächern der anliegenden Häuser bilden eine eigene Landschaft.

Doch nicht nur die luftige Höhe ist einen Besuch wert, sondern auch der Keller. Hier beispielsweise arbeitet „Butcherboy" Jochen H. Michel, stets in Begleitung seines Rüden namens Katze. Der Skulpturist hat ein altes Klosterschild gerettet. „Beichtgelegenheit heute auch in der Sakramentskapelle" besagt es und lehnt jetzt am Kellerraum K5, zu dem geschwungene Pfeile auf buntem Boden den Weg kunstvoll weisen.

Der große Raum nebenan ist ein Gemeinschaftsatelier. Eine Ecke kommt

Neue Mode unter dem Atelierdach: Das Unperfekthaus ist Keimzelle für Kreativität geworden

mit düsteren Bildern daher, in einer anderen, mit glitzernden Luftschlangen abgetrennten, dominiert die Farbe Gelb – gleich ob in Bildern oder als Tischdecke. Eine Künstlerin hat einen Stuhl vor die fertigen und halbfertigen Gemälde gestellt, teilt auf einem Plakat mit: „Sie dürfen gerne Platz nehmen und meine Bilder genießen."

Einen Besuch lohnt auch das „Erlebnis-WC" – nicht nur wegen der Spender mit vier verschiedenen Seifen. LZ

Skulpturist Butcherboy in seiner Keller-Werkstatt

Neue Lösungen für alte Bedürfnisse

Grell-bunt gegen glatt-grau: Links das Einkaufszentrum Limbecker Platz, rechts die Außengalerie des UpH

Zollverein

Das Weltkulturerbe „Zollverein" ist die Kathedrale der Industriekultur. Nach der Stilllegung im Jahre 1986 entstand hier ein neues Zentrum für Kreativwirtschaft, das von jährlich über einer Million Menschen besucht wird. Zollverein – das ist Geschichte, Gegenwart und Zukunft. Zollverein ist heute einer der interessantesten Wirtschaftsstandorte der Region und mit 2.000 Arbeitsplätzen ein Wahrzeichen für den Strukturwandel an der Ruhr: Rund 100 Unternehmen der Branche wie das red dot design museum und die Folkwang Universität der Künste haben im außergewöhnlichen Ambiente der umgebauten Industriehallen ihren Sitz – weitere kommen hinzu, wie die geplante Designstadt, ein Vier-Sterne-Hotel und neue Firmensitze.

In der Endphase werden rund 500 Millionen Euro in das Weltkulturerbe investiert worden sein und wieder 4.000 Menschen hier arbeiten. Arbeitsplätze, die der „Kreativwirtschaft" zuzurechnen sind. Schon heute ist Zollverein Zentrum des Designs: Das NRW-Design-Zentrum mit dem „red dot-Museum" im von Lord Norman Foster umgebauten ehemaligen Kesselhaus gehört zu den bedeutendsten Design-Standorten in Europa. Shops und Werkstätten bieten außergewöhnliche Produkte an. Wie der Erich-Brost-Saal auf dem Dach der Kohlenwäsche, der an den Gründer des WAZ-Konzerns erinnert. 2001 folgte die Aufnahme in die Weltkulturerbe-Liste der UNESCO, ein richtungweisender Faktor für die weitere Entwicklung des Standortes. Zollverein hat sich als Veranstaltungsort für hochkarätige Kultur- und Unternehmensveranstaltungen etabliert.

Das Ruhr Museum in der ehemaligen Kohlenwäsche zeigt die Geschichte einer Region, die von Kohle und Stahl geprägt, die aber auch bedeutende Zeiten in anderen Epochen erlebt hat. Zum Beispiel im Mittelalter, als die mächtigen Äbtissinnen in Essen regierten. Die Zeche ist Ankerpunkt der Europäischen Route der Industriekultur. Aktuelles Projekt: Die 1.000 Meter breite Kokerei, die 1993 stillgelegt wurde, wird nun saniert und einer neuen Nutzung zugeführt. WM

Eins der letzten unberührten Gebäude im Welterbe Zollverein:

In der ehemaligen Sieberei an der Ofenbatterie der Kokerei scheint die Zeit stehengeblieben. Die Anlage wurde 1993 geschlossen

Schacht XII mit Fördergerüst

Blick auf Schacht 1/2/8 aus dem Sanaa-Gebäude an der Gelsenkirchener Straße.

Heute eine Filiale der Folkwang Universität der Künste. Hier werden die Gestalter studieren

Schwurgerichtssaal 101

Landgericht und Amtsgericht

An der Zweigertstraße 52 liegt das von 1908 bis 1913 nach Plänen des Regierungsbaumeisters Güldenpfennig erbaute Gerichtsgebäude. Damals hatte der 140 Meter lange Komplex noch eine barocke Fassade. Im Krieg wurde er zerstört, 1945 zwar wieder eröffnet, sodann nach den Plänen des Regierungsbaumeisters außer Dienst Pegels wieder richtig aufgebaut und schließlich 1956 nach Fertigstellung eingeweiht. Der Grundriss des alten Gebäudes blieb größtenteils erhalten. Lediglich der Westflügel ist im Gegensatz zu der sonstigen einhüftigen Bauweise zweihüftig ausgebaut worden. Während im Untergeschoss überwiegend Archive untergebracht sind, befinden sich in den vier Obergeschossen etwa 400 ein- und zweiachsige Räume. In den Jahren 1974/75 wurde das Justizgebäude durch einen Anbau erweitert, in dem sich neben 22 Sälen die Kantine befindet.

Gefangene gelangen über einen unterirdischen Gang von der Justizvollzugsanstalt in die Zellen des Justizgebäudes. Alle anderen Besucher betreten das Gebäude von der Zweigertstraße aus. Sie müssen eine 1999 eingebaute Sicherheitsschleuse passieren, um in die großzügige Vorhalle zu gelangen, von der links und rechts Treppen nach oben führen. Rechts unten neben der Treppe stehen auf gläsernen Säulen die Köpfe aus Holz von Ex-Bundespräsident Heuss, Ex-Reichspräsident Ebert und Ex-Bundeskanzler Adenauer. Die Wand ziert eine Plastik namens „Aura" von Rosemarie Eßer.

Oben angelangt können Besucher im Flur Gemälde von Ex-Gerichtspräsidenten und von der letzten Gerichtsherrin im Stift Essen, Fürstäbtissin Maria Kunigunde von Sachsen und Polen, betrachten. Blumen am Geländer erinnern an einen 1998 im Gebäude ermordeten Rich-

Gerichtsgebäude Zweigertstraße

Zwei Treppen führen vom Foyer nach oben

ter. Zudem ist von hier aus ein Innenhof mit Erkern sichtbar.

Sehenswert ist das Foyer des Seiteneingangs von der Kortumstraße aus. Von ihm gehen alte Türen ab, die Oberlichter sind geschmackvoll. Hier gibt es noch alte Trinkbecken.

Über 17 Säle verfügt allein das Landgericht. Die Flure in dem Gebäude sind mit vielen Säulen, Gewölbedecken und perspektivisch gestalteten Eingangsbereichen zu den Büros ansprechend.

Links an der Wand vor dem großen Schwurgerichtssaal 101 ist ein Relief zu sehen. Besonders erwähnenswert ist die Beleuchtung des Saales, dessen Fenster zur Zweigertstraße hinausgehen. Auf halber Höhe hängen Platten, die indirekt beleuchtet werden. Insgesamt wirkt die Installation wie eine Raumschiffflotte. Früher gab es eine Loge für den Gerichtspräsidenten. Sie ist heute vom Saal aus nicht mehr zu sehen und zum Lagerraum geworden. LZ

Treppenhaus Seiteneingang

Die letzte Gerichtsherrin im Stift Essen, Fürstäbtissin Maria Kunigunde von Sachsen und Polen

Foyer mit den vier Säulen

Polizeipräsidium

Das Polizeipräsidium, so ist es auch in goldfarbenen Lettern über dem Eingang zu lesen, ist ein beeindruckender Bau an der Büscherstraße 2-6. Über der Eingangtür aus Holz und Glas blickt Apollon mit Argusaugen auf die Besucher herab. „Erbaut 1914-18" steht auf der Fassade geschrieben. Ein imposanter Adler zeigt sich unter dem Dachgiebel. So historisch das Gebäude daherkommt – die Holz-Glastür öffnet sich auf Knopfdruck. Und vor den Eintritt in das großzügige Foyer mit Wechselausstellungen muss der Besucher erst an der modernen Anmeldung vorbei, hinter der die Kriminalwache liegt.

Thierry Boissel gestaltete das Foyer des Polizeipräsidiums Essen im Jahr 1999 im Rahmen des Neubaus des Westflügels (Virchowstraße) um. Er entwarf auch die bunten Fenster. Sie zeigen den Stadtplan Essens. Ein buntes Mosaik symbolisiert das Zentrum. Vom Balkongeländer in der ersten Etage aus bietet sich ein hervorragender Blick darauf.

Der Asphalt auf dem Boden im Erdgeschoss-Foyer ist poliert. Die vier Säulen sind in unterschiedlichen Farben gehalten, sollen symbolisieren, dass Menschen jeder Hautfarbe und Religion willkommen sind.

Auf dem erstem Absatz der Treppe ins Obergeschoss steht der „blaue Klaus", wie die Beamten das Kunstwerk „Wunschpolizist" nennen. Auf seinem blauen Anzug, geschneidert von Andrea Krüger, sind die Glückwünsche und Wünsche zur 100-Jahr-Feier zu lesen wie „Mehr Polizei auf der Straße", „Danke" oder „Alle Menschen sind vor dem Gesetz gleich".

Stark in Mitleidenschaft gezogen wurde das Gebäude im Zweiten Weltkrieg. Von 250 Büros waren nur 16 noch nutzbar. Heute gibt es neben Büros auch noch einen Raum der Stille für Andachten und sensible Opfergespräche.

Das Polizeipräsidium

Apollon an der Fassade

Die Kriminalwache

In den Sitzungssaal in der ersten Etage kommen viele Mitarbeiter im Präsidium nicht: Er zählt zu den Räumen der Führungskräfte, hat die Form eines langgestreckten Kubus' und ist knappe zwölf Meter lang, fast sechs Meter breit, fünf Meter hoch. Seine Fensterfront geht zur Straße hin. Zwei Unterzüge teilen die Decke. An der Fensterwand sind drei Sprossenfenster. Großzügig wirkt der Raum, festlich, aber nicht überladen mit dem großen ovalen Tisch, dem hellen Holzboden und roten Stühlen. Die Wandgestaltung ist eine Raumarbeit mit dem Titel „Linker Mäander" von Hannelore Landrock-Schumann. Die Goldbrokatpaneele wirken mal fast schwarz, mal messingfarben, mal fast grün, je nach Lichteinfall. Diese Paneele mäandern an den Wänden des Raumes entlang, unterbrochen von Spiegeln.

LZ

Sitzungssaal 1.Etage

Die leuchtende Decke im Tonnengewölbe der Friedenskirche

Alt-katholische Friedenskirche

Ist es draußen trüb, leuchtet die Decke der 1916 eingeweihten, nach Plänen des damaligen Essener Hochbauamts-Chefs Albert Erbe erbauten alt-katholischen Friedenskirche an der Bernestraße über dem Jahrhundertbrunnen. Unglaublich prächtig und überwältigend, aber keinesfalls überladen wirkend ist die Ausstattung des von außen eher nüchtern scheinenden Gotteshauses. Kaum satt sehen mag man sich an ihrem Inneren. 1943 wurde die Kirche im Krieg zerstört, 1951 wiedereröffnet. Das Chormosaik, gestiftet von Gustav und Berta Krupp von Bohlen und Halbach und erschaffen von Jan Thorn Prikker, hat den Krieg überstanden. Waagrechte und senkrechte Felder zeigen kreuzförmige Strukturen.

Das Tonnengewölbe der Kirche ist mit einem Rautenmuster ausgestaltet, das an Spitzendecken erinnert und wirkt wie ein Sternenhimmel. Auf braunem Grund sind die Rauten innen weiß, dann grau, dann gelb-gold gezeichnet. Das Chormosaik leuchtet ebenfalls golden. Gut passen dazu die blaugebeizten Kirchenbänke mit wenigen goldenen Verzierun-

gen, die auf einem Steinboden stehen. Im Vorraum zu sehen ist noch das Fenster von Jan Thorn Prikker. Die vier neuen Fenster an der Westseite stammen von Harry McLean. Deren Sockelfelder zeigen die Symbole der vier Evangelisten: Engel,

Löwe, Stier und Adler. Jedes Fenster ist passend zu einem Evangelisten gestaltet.

Auf der Empore, auf der die 1957 eingebaute Seiffert-Orgel steht, prangt rund eingerahmt der Schriftzug „Er lebt". Sie wurde im Krieg nicht zerstört, Ausma-

Die alt-katholische Friedenskirche

Die vier Fenster an der Westseite

lungen von Prikker konnten hier 2003 wieder freigelegt werden. Die Balkone links und rechts vom Kirchenschiff ruhen auf Säulen, die ebefalls dezent edel bemalt sind. Der Boden oben ist aus Holz, die Bänke sind schlicht.

Als Mittelpunkt der Kirche fungiert ein neuer, 2010 eingeweihter runder Glasaltar, entworfen von Professor Volker Küster aus hintereinander liegenden Glasscheiben mit verschieden großen Kreu-

zen, die gemeinsam ein großes ergeben. Der alte Altar ist aus schwarz geädertem Carraramarmor. Das Rosettenfenster über dem alten Altar zeigt die zwölf Jün-

ger Jesu. Erwähnenswert ist auch eine byzantinische Ikone aus Georgien von 2005 – und eine Kinderecke im hinteren Bereich des Kirchenraumes. LZ

Byzantinische Ikone

GESTIFTET VON HERRN UND FRAU KRUPP VON BOHLEN UND HALBACH

Chormosaik von Prikker

Blick auf den Altar

Basilika
St. Ludgerus

Die Anfänge der Ludgerusbasilika, der ehemaligen Abteikirche, gehen bis 799 zurück. In diesem Jahr gründete der heilige Liudger (lat. St. Ludgerus), Missionar der Friesen und Sachsen, das Benediktinerkloster Werden und begann den Bau der ersten Abteikirche. Ein Brand zerstörte 1119 Kloster und Kirche. Die heutige Kirche aus Ruhrsandstein wurde im Jahr 1275 fertiggestellt und geweiht. 1802 wurde die Abtei im Zuge der Säkularisation aufgelöst, 1993 erhob Papst Johannes Paul II. die Kirche zur „Basilika minor". Besondere Bedeutung erhält die Ludgerusbasilika dadurch, dass die Gebeine ihres Gründers hier ruhen.

Die Kirche ist eine rheinisch-staufische Basilika im so genannten Übergangsstil zwischen Romanik und Gotik. Sie wurde anders vollendet als geplant. Dies zeigt sich in ihrem Inneren: In Höhe der Em-

Ludgerusbasilika

pore über den Seitenschiffen mit den beeindruckenden Doppelarkaden tauchen schlanke, kleine Säulen über den Vierkantpfeilern der Seitenschiffe als Wandvorlage auf. Die Querhausarme und das Chorjoch sind noch quadratisch mit romanischen Rippen und schmückenden Schaftringen gewölbt. Im Langhaus dagegen zeigt sich die Kirche gotisch mit spitzbogig geschlossenen Emporenöffnungen, unterteilt von Doppelsäulen und mit Knospenkapitellen verziert.

Oben im Westwerk der Kirche steht die prunkvolle Orgel, gebaut 1909/1910 und umgebaut 1983 von der Firma Johannes Klais aus Bonn. Sie hat 50 Register und 3.724 Pfeifen. Der große Barockaltar steht ihr gegenüber unter dem von außen so schön anzusehenden Faltdach. Oben werfen Engelsdarstellungen ihre Schatten an die Decke. Sanft ist der Altarbereich zumeist beleuchtet, lässt das Gold dezent leuchten. Der Altartisch stammt noch vom einst romanischen Choraltar. Ein großes Gemälde in der Mitte des Altars zeigt den heiligen Lud-

Ludgers Grab

Die große Orgel

gerus. Auf Knien bittet er Gott um ein Zeichen, ob der gewählte Bauort der richtige für die geplante Kirche ist. Das Chorgestühl ist barock, ebenfalls die Kanzel. Neu hingegen sind die Kirchenfenster. Der Werdener Wilhelm de Graaff entwarf sie nach 1950. Die Beschreibung der Ausstattung der Kirche selbst würde ein ganzes Heft füllen.

Seitlich des Altarbereiches gehen Treppen hinab zur karolingischen Ringkrypta. Beide Gänge führen hin zu Liudgers Grab, das mit kunstvoll verzierten Gittern verschlossen ist. Seine Gebeine liegen in einem Bronzeschrein. Die salische Außenkrypta gegenüber, gebaut aus drei Schiffen, ist die mit drei Gittertüren verschlossene Grabstätte der fünf Liudgeriden. Auf dem mittleren Bronzeportal sind sie dargestellt. Das zentrale Kreuz kopiert das berühmte Helmstedter Kreuz. Der Zelebrationsaltar ist modern und aus Holz. Die Fenster hier stammen aus 1909, zeigen Szenen um Liudgers Tod. Die Böden sind mit Mosaiken verziert. LZ

Seitenschiff mit Doppelarkaden

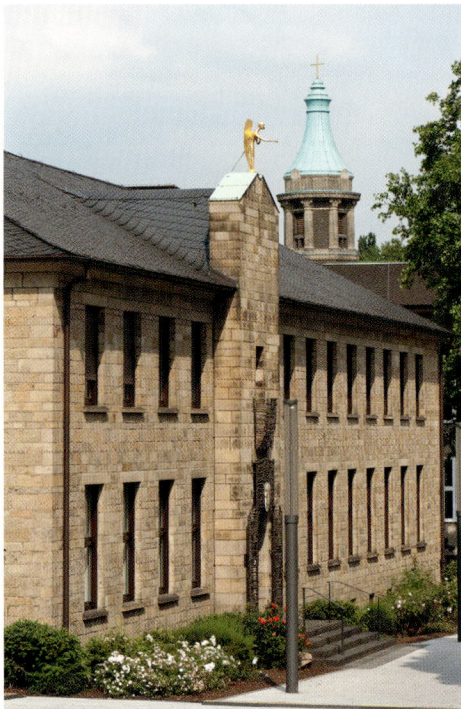

Der Bischofssitz am Burgplatz

Bischof Overbeck in der Besprechungsnische

Die Privatkapelle des Bischofs

Bischofssitz

Nach Plänen des Architekten Emil Jung entstand 1955/1956 an der nördlichen Seite des Burgplatzes gleich neben dem Essener Münster ein Pfarrhaus. Mit Gründung des Bistums Essen 1958 wurde das Gebäude zum Bischofshaus. Heutiger Bischof ist Dr. Franz-Josef Overbeck. Auf dem Dach des Hauses leuchtet golden Richtung Volkshochschule und Burggymnasium der „Engel" von Ewald Mataré. Ein Spruch bekräftigt „Ubi est mors victoria tua".

Der Teil des Bischofshauses, in dem der Bischof Besuch empfängt und in dem Büros liegen, zeichnet sich durch eine gelungene Mischung aus alten und modernen Elementen aus. So hängt im Besprechungszimmer seit 2011 ein abstraktes Gemälde von Gabriele Wilpers, gleich in der Nähe von alten Ölgemälden mit Apostelporträts wie beispielsweise Jakobus minor oder S. Thaddaeus.

In der ersten Etage sind die Privaträume des Bischofs untergebracht wie Küche, Schlafzimmer – und die private Kapelle.

Etwa 50 Quadatmeter groß ist dieser Kirchenraum, der einst als Eingangshalle

Das große Besprechungszimmer

*Im Flur die Portraits der bisherigen Ruhrbischöfe,
hier Kardinal Hengsbach*

Wandfiguren

für die Schatzkammer dienen sollte. Zu ihm gelangt man über ein schönes Treppenhaus mit kunstvollem Jugendstil-Geländer. Den Eingangsbereich zu dem Gebetsraum ziert ein Bodenmosaik. Ansonsten verzichtet der vom Altar dominierte Raum auf üppige Ausschmückungen.

Mit persönlichen Gegenständen bestückt hat Overbeck sein Arbeitszimmer.

In der Besprechungsnische hängen gerahmt seine Ernennungsurkunden. Fotos sind auf der Fensterbank mit Blick in den Innenhof aufgestellt, darunter auch das Bildnis des Papstes. An einer Wand hängt ein 30 Kilo schweres Glaskreuz mit einem Holzkorpus. Dieser Korpus ist Teil eines Kreuzes, das über 60 Jahre lang über dem Bett von Overbecks Großeltern hing. Er ließ das Glaskreuz dafür anferti-

gen. In dem weißen Bücherregal steht neben dem Duden und vielen kirchlichen Schriften auch eine Grubenlampe, die die Verbundenheit mit der Region symbolisiert.

Von seinem privaten, riesigen Balkon, der von einer sehr modernen Küche abgeht, blickt der Bischof auf einen idyllischen Innenhof mit Springbrunnen und auf frisch bepflanzte Blumenkästen. LZ

Ein Kreuz über den Archivregalen

Bistumsarchiv

Die Kirche St. Christophorus in Kray wurde 1963 und 1964 nach Plänen der Architekten Wolfgang von Chamier und Rolf-Dieter Grundmann gebaut. Der damalige Bischof Franz Hengsbach weihte sie 1964 – heute ist in dem früheren Gotteshaus das Bistumsarchiv untergebracht, welches neben vielen anderen Beständen auch den Nachlass des ersten Bischofs des Ruhrbistums aufbewahrt. Ende März 2008 wurde die Kirche profaniert und für rund 2,1 Millionen Euro zum Bistumsarchiv umgebaut. Den Umbau zum in der diözesanen Archivlandschaft einmaligen Archiv übernahmen das Essener Unternehmen Hochtief formart und das Münsteraner Architekturbüro Schoeps und Schlüter.

Die Kirche St. Christophorus

Der Eingang zum Bistumsarchiv liegt an der Straße „Grüne Aue" 2. Der ehemalige Pfarrsaal kommt heute geteilt daher: Eingerahmt von zwei Büros liegt der Lesesaal – einsehbar durch große Fenster von den Büros aus. Der Kellereingang ist umbaut und rostrot gestrichen – eine Farbe, die sich auf dem Boden und in den inneren Fensterrahmen zum Lesesaal wiederholt.

Neue Akten jedoch nehmen einen anderen Eingang als die Menschen: Sie kommen dort ins Gebäude, wo früher der Eingang zur Kirche war – an der Ernststraße. Die ehemals hölzerne Eingangstür ist einer Wand mit Fenstern gewichen. Ein Weihwasserbecken, für das ei-

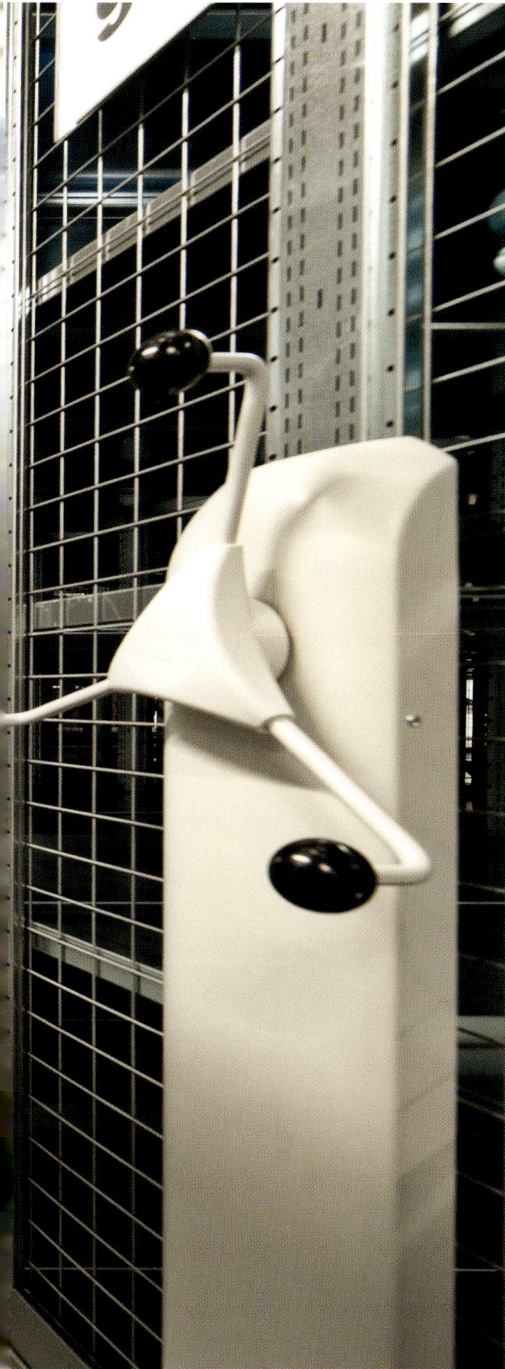

Der Lesesaal

den Stein mit der Auschrift: „Im Jahre des Heils 1963".

An einer Wand im Erdgeschoss sind noch die Abdrücke des Altars zu ahnen. Das Kirchenfenster mit Stilelementen aus Flora und Fauna ist erhalten geblieben. Es ist von außen erkennbar, von innen wurde es zum Schutz der lichtempfindlichen Akten zugemauert.

Das Holzparkett aus Eisenbahnbohlen ist einem nüchternen, in zwei Grautönen gestrichenen Boden gewichen. Zwei Stahlgitter-Zwischenböden sind eingezogen. Im Erd- und ersten Geschoss stehen rund 9.200 Regalmeter für Akten zur Verfügung. Eine Reserve für weitere viereinhalb Kilometer ist unter dem Dach in der zweiten Etage vorgesehen. Hier lagern momentan u.a. in Kisten die Akten der einstigen Gemeindeverbände. Über 500

Umzugskartons kamen allein aus Duisburg, etwa 900 aus Essen. Oben auf einem Kistenstapel in der Nähe des neu eingebauten Aufzugs liegt ein schwarzer Mädler-Lederkoffer: Mit diesem reiste einst der erste Weihbischof des Bistums Essen, Julius Angerhausen, zum Zweiten Vatikanischen Konzil nach Rom.

Gehaltsakten, Nachlässe, Revisionsunterlagen, Schreiben der Schiedsstelle, Fotoalben von Bischofsreisen, Klassenbücher beispielsweise der Hauptschule Am Stoppenberg aus vergangenen Jahrzehnten, Finanzaufsichtsunterlagen und solche vom Jugend- und Seelsorgeamt lagern hier. Ältestes Dokument ist ein Geschenk aus Anlass der Weihe Hengsbachs zum Weihbischof in Paderborn im Jahr 1953: ein Originalbrief des italienischen Kardinals Baronius aus dem Jahr 1602. LZ

gens eine Aussparung in den Kabelschacht geschnitten wurde, über dem Tisch, auf dem Akten auf ihren Zustand geprüft werden, zeugt von der ehemaligen Nutzung. In Regalen warten verschiedene Bestände auf ihre Bearbeitung.

Im Kirchenraum selbst befindet sich nun das Archivmagazin. Dort erinnert kaum noch etwas an seine frühere Bestimmung. Lediglich die Betonträger unter dem Bereich, in dem sich früher die Orgel befand, sind geblieben. An einem von ihnen hängt ein Holzkreuz mit einer bronzenen Jesusfigur. Genau hinschauen muss man schon, um die Steinquader mit Kreuz, die als Kerzenhalter an der Wand dienten, noch zu entdecken oder

Hier lagert u.a. der Nachlass von Kardinal Hengsbach

Bietet einigen hundert Gläubigen Platz: Die Katernberger Moschee gehört zu den schönsten Deutschlands

Ditib-Fatih-Moschee

In Katernberg steht die achteckige Ditib-Fatih-Camii (Camii heißt übersetzt Moschee) an der Schalker Straße 23-25. Sie ist eine der größten und schönsten ihrer Art in Deutschland. Das 30 Meter hohe Minarett ist von einer Firma gefertigt worden, die nur Moscheetürme baut. Ein Aufgang ermöglicht es, bis fast zur Spitze zu gelangen. Eingeweiht werden konnte die Moschee 2001. Das alte Gebetshaus war 1995 durch einen Brandanschlag zerstört worden.

Innen zeigt sich die Moschee aus roten Ziegeln, aufgelockert durch verputzte, beigefarbene Elemente, in ihrer ganzen Pracht: Eine große Holztür, in der Türkei durch Schnitzereien verziert, führt in den Gebetsraum, der unten 400 und auf der geschwungenen, sich auf vier Säulen stützende Empore – dem Frauenbereich – 400 Gläubigen Platz bietet. Bis zum Ansatz der Kuppel sind die Raumwände mit Fliesen aus der Türkei von der bekannten Firma Güven Cini verziert, ebenso die

Das Minarett ragt 30 Meter in den Katernberger Himmel

Gebetsnische und die Vortragskanzel. Die Fliesen zeigen orientalische Ornamente und arabische Schriftzeichen. Der Teppich scheint zusammengesetzt aus vielen kleinen Teppichen, wirkt aber wie ein Stück. Eine Täuschung, denn hier musste angesetzt werden. Doch durch eine ausgefeilte Technik sind die Übergänge kaum auszumachen.

In der Mitte des Raumes spendet ein gigantischer Kronleuchter Licht: Er wiegt eine Tonne, ist mit 99 Birnen bestückt und wurde erst in der Moschee montiert. Er stammt aus der Türkei. Ebenfalls achteckig sind verschieden große Sternrahmen mit Inschriften, die die Leuchtersteine halten.

Der herkömmliche Gebetskalender, der noch an einer hinteren Wand zu sehen ist, wich einem digitalen Gebetskalender.

Eigens aus der Türkei reiste auch ein Kalligraph an, der die Kuppel bemalte und während dieser Zeit sogar in der Moschee schlief. Er verewigte u.a. Allah, Muhammed, Kalifen und Koranverse in der 15 Meter hohen Kuppel. LZ

Der digitale Gebetskalender

Die Kuppel der Moschee ist 15 Meter hoch

2009 erweitert und renoviert: Der Essener Domschatz …

Domschatz-kammer

Das Essener Münster, die Kathedralkirche des 1958 gegründeten Ruhrbistums, blickt auf eine über 1.150-jährige Geschichte zurück. Am Beginn stand die Gründung einer religiösen Frauengemeinschaft, die im frühen und hohen Mittelalter zu den herausragenden religiösen Institutionen des Deutschen Reiches gehörte.

Die Historie: Um 850 gründete der Hildesheimer Bischof Altfrid nur wenige Kilometer nördlich des Männerklosters Werden ein vornehmes Stift für Mädchen und Frauen des sächsischen Adels. Ihre Hauptaufgabe war die ‚memoria', das bedeutete, für die Seelen Verstorbener und die Gnade und Unterstützung Gottes für die Lebenden zu beten. Altfrid wurde auf eigenen Wunsch nach seinem Tod 874 in der Essener Stiftskirche bestattet. Über Generationen hinweg beteten hier die Stiftsfrauen für seine Seele.

Die Frauengemeinschaft wurde seit Mitte des 10. Jahrhunderts vom ottonischen Kaiserhaus mit Privilegien und Grundbesitz reich beschenkt. Bedingt durch enge verwandtschaftliche Beziehungen der Äbtissinnen zum Herrschergeschlecht erlebte das Essener Stift bis in die Mitte des 11. Jahrhunderts eine Blütezeit. Vor allem die Äbtissinnen Mathilde (971–1011), Sophia (1012–1039) und Theophanu (1039–1058) – Nichten und Enkelinnen von Otto I. und Otto II. – gaben großartige Bauwerke und Kostbarkeiten in Auftrag, die bis heute zum Schatz der

Der Burgplatz ist die Keimzelle von Stift und Stadt Essen. Um 850 gründete der Hl. Altfried an diesem historischen Platz ein Damenstift, das für fast 1.000 Jahre die Geschicke der Stadt und der Region bestimmt. Die Fürstäbtissinnen – kluge und wohlhabende Damen aus den Reihen des europäischen Hochadels – hinterließen eine „goldene Spur" in Essen. Der vielbeachtete Domschatz spiegelt die Geschichte des Stiftes, der Damen selbst und der Stadt wider. „Essen sein Schatz" gehört zu den bedeutendsten Kirchenschätzen des christlichen Abendlandes. Die „Goldene Madonna" ist die weltweit älteste Rundplastik einer Madonna mit Kind.

Der 1.000 Jahre alte Friedhof davor erstreckt sich bis unter den Burgplatz

… gilt als einer der wertvollsten und bedeutendsten des christlichen Abendlandes

Kirche gehören. In dieser Zeit entstanden die vier kostbaren Gemmenkreuze, die Lilienkrone, das Kreuznagelreliquiar, das Evangeliar der Theophanu mit dem berühmten Buchdeckel und andere Kostbarkeiten, die heute noch in der Schatzkammer aufbewahrt werden. Der siebenarmige Leuchter, ebenfalls um das Jahr 1000 geschaffen, schmückt noch heute die Essener Münsterkirche. Diese Gruppe von Kunstwerken aus dem 10. und 11. Jahrhundert bildet die weltweit wichtigste Sammlung ottonisch-salischer Goldschmiedekunst. Ebenfalls einzigartig sind die rund 30 gotischen Kunstwerke des Schatzes: Reliquiare, Kreuze, Monstranzen, Kelche und Handschriften, dazu die berühmten emaillierten Broschen aus der Zeit um 1400. Diese Werke entstanden in der Zeit vom 13. bis zum 15. Jahrhundert im Anschluss an den gotischen Neubau der Kirche und zeugen von der zweiten, langen Blüte des Damenstiftes im späten Mittelalter.

Den Besucher erwarten Werke sakraler Kunst von großer Schönheit und Vollkommenheit. Einige der liturgischen Geräte werden heute noch im Gottesdienst benutzt.   WM

Ein Teil wurde im Zuge der Arbeiten an der Domschatzkammer von den Essener Stadtarchäologen vermessen und dokumentiert

Die Sakramentskapelle

Kloster Schuir

Idyllisch gelegen ist das Mutterhaus der Barmherzigen Schwestern von der heiligen Elisabeth am Schuirweg 107. Von Werden kommend erhebt sich das Kloster zwischen Feldern und wirkt mit dem Glockenturm und der weißen Fassade fast wie ein Sakralbau auf griechischen Inseln.

Die Barmherzigen Schwestern von der heiligen Elisabeth sind ein 1843 in Essen gegründeter Orden, der 1844 das erste Essener Krankenhaus im Kapuzinerkloster Essen gründete. Die Schwestern sind in pflegerischen, pastoralen und sozial-caritativen Bereichen tätig. Im Mutterhaus leben über 50 Schwestern, außerdem unter dem Dach, dort wo einst ein Mädcheninternat war, noch drei Karmelitinnen. Hin zum weniger auffälligen Eingangsbereich führt eine Allee. Die schmiedeeiserne Verzierung der Eingangstür zeigt Kreuze.

Spatenstich für das Mutterhaus war 1934, 1936 zogen die ersten Schwestern ein. Außer dem Dach, das im Zweiten

Das Kloster Schuir

Schwester Edelgard lässt die Orgel erklingen

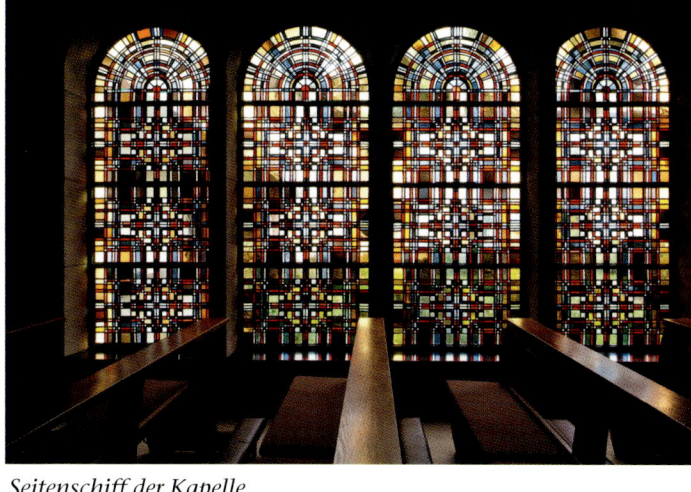

Seitenschiff der Kapelle

Weltkrieg beschädigt wurde, ist das Kloster noch original erhalten. Besonders sehenswert ist die Kapelle, in der neuere Malereien des Malers Dieter Berchem zu sehen sind. In ansteigenden Reihen aus dunklem Holz sitzen die Gläubigen mit dem Blick zum Mittelgang. Der ist mit einem Läufer ausgelegt, der zum Altar führt. Rechts blickt eine Holzskulptur der Namensgeberin des Ordens, Klara Kopp, auf die Gläubigen.

Eine elektrische Orgel mit 23 Registern und zwei Manualen steht oben auf der Empore. Die von Georg Stahlhut aus Aachen erbaute Orgel wurde 1960 von der Firma Raupach aus Hattingen komplett überholt.

Eine mit schmiedeeisernem Gitter dekorierte Tür führt gleich neben dem Altar in eine kleine Sakramentskapelle. Darin steht an der Wand der Altar, so dass der Priester der Gemeinde den Rücken zuwendet. Dem Altar gegenüber hängt ein Marienbild, das einst im Hochaltar im Kloster an der Kapuzinergasse hing.

Vom Seitenschiff der Kapelle mit runden Fenstern aus gelangt man in den stillen Innenhof mit Rasenfläche und Brunnen in der Mitte. Die Flure in dem Haus sind schlicht und funktional. Die Schwesternzimmer verfügen über keine eigene Dusche oder Toilette. Die werden gemeinschaftlich auf dem Flur genutzt. LZ

Kapelle mit Holzgestühl

Das Taufbecken

2006 wurde die Marktkirche um eine moderne Dimension erweitert:

Marktkirche

Die Marktkirche ist das älteste protestantische Gotteshaus in der Essener Innenstadt. Wer zur Ruhe kommen möchte, findet hier, mitten im Trubel vor der Rathaus-Galerie, dazu die Möglichkeit. Bei der Marktkirche ist der Spagat zwischen Historie und Moderne gelungen.

1054 wird die Kapelle „ad sanctam Gerthrudem" erstmals erwähnt. Seit dem 14.

Jahrhundert wird die Gertrudiskirche Marktkirche genannt.

Diverse Umbauten erlebte die Kirche im Laufe der Zeit. 1943 bis 1945 wurde sie durch alliierte Bombenangriffe vollständig zerstört. 1950 bis 1952 wurden die beiden östlichen Joche wieder aufgebaut, bevor 1995 das Dortmunder Architektenbüro Gerber Architekten den bundesweit ausgeschriebenen Architekturwettbewerb zum Umbau der Marktkirche gewann. Damit wurde 2004 begonnen, 2006 öffnete die Marktkirche wieder ihre Türen.

Links der blaue Kubus des Dortmunder Architekten Prof. Eckhard Gerber (Gerber Architekten)

Der Einbau des gläsernen Westchores zählt zu den Umbaumaßnahmen. 50 blaue Glaselemente bilden einen Raum aus Glas, der die westliche Wand des Kirchenschiffs durchbricht. Jedes der 50 Elemente besteht aus vier einzelnen Glasscheiben, zwischen denen sich Luft befindet. Die Scheiben wurden mit blauer Farbe in unterschiedlicher Stärke bestrichen und gebrannt: Auf diese Weise entstand der typische, changierende Effekt. Er lässt jede Glasscheibe in unterschiedlichen Farbnuancen erscheinen. Insgesamt ist der neue glä-

serne Westchor rund 200 Tonnen schwer. Der Übergang zum Rest des Kirchengebäudes besteht aus durchsichtigem Glas, das einen Blick erlaubt auf die umliegenden Bäume. In der Mitte des Westchores steht ein Taufbecken, das stimmungsvoll angestrahlt werden kann.

Doch nicht nur der Blick in den Westchor lohnt, sondern auch der hin zum schlichten Steinaltar und auf die Kirchenfenster, die an den Seiten in gedeckten grauen, beigefarbenen, gelben Tönen

gehalten sind und hinter dem Altar auch rosa scheinen. Die Wände sind weiß, doch Steinsäulen an den Ecken sind geblieben. In einer Nische steht eine Bibel, geschützt von einem kunstvollen Gitter.

Auf der ersten Stufe hoch zur seitlichen Empore ist auf einem Aufkleber „Hope" zu lesen. Von oben ergibt sich ein beruhigender Blick in den gesamten Kirchenraum, ideal für die innere Einkehr. Einen Blick lohnt die schmiedeeiserne Arbeit, auf die sich am Treppenaufgang die Empore zu stützen scheint.

Das Kloster „Maria in der Not" der „Unbeschuhten Karmelitinnen" auf dem Stoppenberger Kapitelberg

Stift Stoppenberg

Fünf Minuten vom Weltkulturerbe „Zeche Zollverein" entfernt liegt das Anwesen des ehemaligen Stiftes Stoppenberg. Viele Besucher fahren an der aus rotem Sandstein bestehenden „Nikolauskirche" an der Gelsenkirchener Straße vorbei, die allein schon einen Besuch wert ist: Sie ist ein Denkmal aus der Jugendstilzeit. Dahinter auf dem Kapitelberg steht das ehemalige Stift Stoppenberg, eine Dependance des Stiftes Essen, die Fürstäbtissin Suanhild (auch Swanhild) dort gründete. Suanhild war von 1058 bis zu ihrem Tode 1085 Fürstäbtissin im Stift Essen. Der heutige Essener Stadtteil Stoppenberg ist zu Fuß mehr als eine Stunde von dem Essener Münster entfernt, im 11. Jahrhundert war der Weg zum Gottesdienst von dort für die stiftshörigen Bauern noch länger und be-

Der Innenhof des Klosters mit der romanischen Stiftskirche

Gebet vor dem Allerheiligsten

Das Leben im Karmel …

schwerlicher, so dass diese besonders bei schlechtem Wetter und im Winter dem Gottesdienst fernblieben. Aus diesem Grund veranlasste Suanhild dort den Bau einer Pfarrkapelle aus ihrem persönlichen Vermögen. Diese Kapelle wurde am 29. Januar 1073 geweiht. Es handelt sich um eine dreischiffige Pfeilerbasilika mit quadratischem Chorhaus, geweiht dem Heiligen Nikolaus.

Die Stürme der Französischen Revolution und Napoleon machten 1803 dem Heiligen Römischen Reich Deutscher Nation ein Ende. Auch das geistliche Fürstentum Essen mit dem Unterstift Stoppenberg fiel an Preußen (Säkularisation). Die Stoppenberger Bauernschaften waren nun preußisch. Am 20.12.1803 war es mit der Stiftsherrlichkeit vorbei. Im Stoppenberger freiweltlichen Damenstift lebten zu dieser Zeit noch zwölf Stiftsfräulein. Sie bekamen eine Abfin-

dung vom Königlich Preußischen Staat. Meist blieben sie in den Stiftshäusern auf dem Kapitelberg wohnen. Die letzte der Stiftsdamen, welche vom Staate ein Gnadengehalt von 100 Talern erhielt, war Freiin Franziska Charlotte von Rietz, eine Großtante des Freiherrn von Hövel, der Landrat des Kreises Essen war. Sie war 28 Jahre alt bei Aufhebung des Stiftes und starb am 1.12.1870 zu Düsseldorf im Alter von 97 Jahren.

Die Pfeilerbasilika dient heute den „Unbeschuhten Karmelitinnen" (Theresianischer Karmel) im Kloster „Maria in der Not" seit dessen Gründung 1965 als Klosterkirche. Sehenswert ist der romanische Taufstein. Die Schwesternempore ist eine der ältesten im ganzen Rheinland. Die alte romanische Stiftskirche mit den Gebäuden des Karmel liegt auf einer Anhöhe im Essener Stadtteil Stoppenberg, und zwar oberhalb der doppeltürmigen Pfarrkirche St. Nikolaus. WM

… folgt strengen Regeln

Betraum mit Kuppel

Synagoge Ruhrallee

1959 wurde die Synagoge gebaut, die zwischen Ruhrallee, Saarbrücker Straße und Sedanstraße liegt. Von Bäumen verdeckt wie heute war sie damals noch nicht. Synagoge und Verwaltungsgebäude bilden durch die sie begrenzenden Straßen eine Insellage und wirken daher sehr geschlossen.

Gebäude und Synagoge werden polizeilich bewacht – und Besucher, Gäste, Mitglieder und Angehörige haben ausschließlich Zutritt durch die Sicherheitsschleuse an der Sedanstraße. Die Bauweise der Synagoge ähnelt einem Iglu.

Seit einiger Zeit wird das unter Denkmalschutz stehende Gebäude nach und nach saniert. Jüngst wurde auch das Relief zwischen den beiden Synagogenaufgängen restauriert. Die Treppen der Synagogenaufgänge wurden ebenfalls renoviert. Der Zugang zum Betraum (Syna-

goge) erfolgt nur über den Verwaltungstrakt, Eingang Sedanstraße.

Auch die Betonwaben mit den Glasfenstern rechts neben diesem Eingang sind in Stand gesetzt worden – dahinter befindet sich der Gemeindesaal, der Platz bietet für etwa 150 Menschen.

Eine Magnolie dominiert den wunderschönen, ruhigen Innenhof.

Rhododendren, Azaleen und Hortensien säumen ihn. Ein schmiedeeisernes Tor stammt aus der Alten Synagoge. Eine

Synagoge an der Ruhrallee

Eingang mit Brunnen von Eva Samuel und Menorah

Der Thoraschrein

Skulptur erinnert an die Schreckenszeit 1933 bis 1945.

Vom leicht gerundeten Verwaltungstrakt aus führen an der Sedanstraße und der Ruhrallee ein offener und ein geschlossener Gang hin zur Synagoge.

Der Betraum selbst, der von außen mit seiner Kupferhülle eher unauffällig wirkt, überrascht innen durch seine Größe, seine Gestaltung und seine Ausstattung. Durch einen Davidstern mit fast fünf Metern Durchmesser in der Spitze der Kuppel fällt Licht in den mit dunklem Parkett ausgestatteten Raum, der Platz bietet für 250 Beter. Von dem Davidstern ausgehend verteilen sich – angeordnet über die gesamte Kuppel – farbige Glaselemente.

Teilweise sind Namensschilder an den Bänken angebracht, es gibt abschließbare Fächer. Rot leuchten die nummerierten Sitze. Die Akustik überrascht. Jedes geflüsterte Wort hallt in der Kuppel.

Namen und Symbole der zwölf Stämme Jakobs, gekrönt von den Ziffern der zehn Gebote, flankieren den Thoraschrein. Dies ist eine Arbeit des in Essen geborenen Künstlers Kurt Lewy, der 1959 von den Architekten Knoblauch und Heyse den Auftrag zur künstlerischen Ausschmückung der Synagoge und des Gemeindehauses erhielt. Er schuf auch die zwölf runden farbigen Fenster mit den biblischen Motiven in der ersten Etage des Verwaltungstrakts. LZ

Der Innenhof

Die bunten Fenster von Kurt Lewy

Lernprozesses, der nach dem Ende des NS-Systems 1945 zunächst eher mühevoll eingeleitet wurde.

Am 25. September 1913 wurde das Gebäude als „Neue Synagoge" der Essener jüdischen Gemeinde eingeweiht. Wie so viele andere hat auch diese Synagoge nur bis zum 9. November 1938 ihre Funktion erfüllen können. Sie wurde in Brand gesetzt, blieb jedoch den gesamten Krieg hindurch (trotz der intensiven Bombardierungen der Essener Innenstadt) im Äußeren unversehrt. Nach 1945 stand sie lange Zeit als mahnende Ruine im Zentrum Essens. Die Stadt Essen erwarb das Gebäude 1959. Sie entschloss sich dazu, den Innenraum in eine damals übliche nüchterne Zweckform zu bringen. Das Innere des Hauses wurde „entkernt", der Torahschrein abgerissen, Mosaiken entfernt und Ornamente übermalt. Die gewaltige Kuppel verschwand hinter einer abgehängten Decke. So wurde das Gebäude dann als Ausstellungsstätte für Industriedesign genutzt.

Erst als Teile der Industrie-Ausstellung 1979 ausbrannten, beschloss der Rat, die Alte Synagoge in eine Gedenkstätte und ein politisch-historisches Dokumentationsforum umzuwandeln. Eine Rekonstruktion, zwischen 1986 und 1988 durchgeführt, ließ den früheren Synagogenraum im Ansatz wieder in voller Schönheit sichtbar werden. Damit einhergehend wurden Angebote zu jüdischer Kultur ein Programmschwerpunkt. 2008 beschloss der Rat einstimmig, eine neue Konzeption der Alten Synagoge umzusetzen und das Haus zu einer kulturellen Begegnungsstätte, zu einem Haus jüdischer Kultur, mit neuen Ausstellungen, baulichen Veränderungen im Innern und einer Neugestaltung des Platzes davor weiterzuentwickeln. WM

Seit 2010 Begegnungsstätte und Haus der jüdischen Kultur: Bild vom Tag der Neueröffnung

Alte Synagoge

Die Alte Synagoge gleich neben dem Essener Rathaus ist eine der schönsten und imposantesten Europas und gehört zu den bedeutendsten Baudenkmälern in Essen. Die heute städtische Einrichtung wurde zunächst als Gedenkstätte und politisch-historisches Dokumentationsforum eingerichtet. Sie hat sich jedoch stetig und immer stärker zu einem kulturellen Begegnungszentrum weiterentwickelt. Dies ist das Ergebnis eines langen, keineswegs gradlinigen

Speisezimmer mit dem Stuhl von August Thyssen

Schloss Landsberg

Im Ruhrtal zwischen Mülheim und Essen-Kettwig liegt auf einem von Bäumen umrahmten Bergsporn Schloss Landsberg – der einstige Wohnsitz des Duisburger Industriellen August Thyssen. 1903 hatte der Stahlmagnat den im 13. Jahrhundert errichteten Bau als Erholungsort für sich selbst und für geschäftliche Besprechungen gekauft. Bevor er einzog, ließ Thyssen das frühere Stammschloss der Freiherren von Landsberg-Velen nach seinen Vorstellungen um- und ausbauen.

Gäste betreten das Schloss seitdem durch einen mit grauem und rotem Marmor verkleideten Flur mit beschlagenen Sandsteinsäulen. Der Flur führt in die barocke Eingangshalle – den Mittelpunkt des Erdgeschosses. Die Wände sind mit halbhohen Eichpaneelen besetzt. Geschnitzte Figuren und Ornamente an Türumrahmungen, Säulen und Decke bilden einen reizvollen Kontrast zu den jutebespannten Wänden. Den Raum dominiert ein prunkvoll gekachelter Kamin, dessen Aufbau eine Allegorie auf Ingenieurkunst (mit Zahnrad und Flamme), Produktion (Hammer) und Handel (Hermesstab und Buch) zeigt.

Der Empfangssalon ist im Stil des frühen französischen Klassizismus gestaltet:

Holztäfelung und Deckenrahmung sind in Weiß und Gold gehalten. Die Wandbespannung korrespondiert in Gelb. Schwere Marmorkamine durchbrechen die Nord- und die Westwand. Darüber hängt eine chinesische Nadelsamtarbeit aus der Zeit um 1600. Hellblau bezogene Sitzmöbel und ein Flügel im Empire-Stil prägen den Charakter des Raumes.

Der Salon grenzt an das Speisezimmer in altdeutsch gediegener Eichenverkleidung. Seidenstoff überspannt die Wände. In aufwändig beschnitzten Buffetschränken stehen farbig dekorierte Porzellanteller aus China. Über dem Kamin an der Nordwand zeigt ein Gemälde von Tobias van Nijmegen aus dem späten 18. Jahrhundert Kaiser Augustus.

Schloss Landsberg

Kamin in der Halle

Jugendstilbad

Für Diners in größerem Kreis wich Thyssen gewöhnlich in den angrenzenden Rittersaal, dessen Wände von poliertem dunkelrot-braunem Holz bedeckt sind. Darüber prangen Pilaster mit vergoldeten Kapitelleben. Ein Sandsteinkamin nimmt die Südwand ein. Die gewölbte Decke des Rittersaals umspielen bandartige Jugendstil-Stuckaturen in Weiß und Graublau.

Drei Flügeltüren öffnen sich vom Rittersaal zum Wintergarten. Ihn zieren mehrere Skulpturen, die Thyssen persönlich bei Auguste Rodin in Paris erwarb. Große

Rundbogenfenster und Oberlichter aus farbigem Glas machen den Wintergarten zum hellsten Raum im Schloss – ein Kontrapunkt zum eher dunklen Rittersaal.

Im Obergeschoss liegen Arbeits- und Schlafzimmer des Schlossherrn. Über Eichenholztäfelungen prangt im Arbeitszimmer eine barockzeitliche Ledertapete aus Flandern. Ein Kamin von 1640 weist Friedrich von Landsberg und dessen Frau Katharina von Meschede als dessen Erbauer aus. Blickfänge im Arbeitszimmer sind ein Kabinettschrank aus Ebenholz aus dem 17. Jahrhundert, ein intarsierter

Schrein aus dem Jahr 1912 mit Ansichten der wichtigsten Werke der damaligen Thyssen-Gruppe sowie ein Reisealtar aus dem 17. Jahrhundert.

In Thyssens Schlafzimmer fällt auf, wie bescheiden das Himmelbett (und spätere Sterbebett) des Schlossherrn wirkt. Im Gegensatz dazu finden Besucher im so genannten „besten Fremdenzimmer" ein ungleich repräsentativeres Mahagoniholz mit Bronzebeschlägen vor.

Den Wohn- und Gästeräumen ist ein prunkvolles Jugendstil-Bad zugeordnet. Im Jahr 1900 war es auf der Weltausstel-

Marmorportal zum Empfangssalon

Arbeit von Rodin

Türklopfer

August Thyssens Schlafgemach

Wintergarten

Kapelle im Schloss

lung in Paris präsentiert und später von Thyssen erworben worden. Ein Mosaik im Boden vermittelt den Eindruck, in einem Weiher mit Wasserpflanzen zu stehen. Die Wände der Badenische bedeckt polierter gelb-brauner Sandstein. Zur übergroßen Badewanne aus weißem Marmor führt eine Treppe mit geschwungenem Geländer. Der Charakter des Raumes wird bestimmt durch eine damals revolutionäre Neuerung: Die Wandfliesen changieren farblich von braun-gelb im Bodenbereich hin zu blauen und türkisfarbenen Tönen in Augenhöhe. Ein Oberlicht aus farbigem Glas sorgt für sanften Lichteinfall. Thyssen behielt diese Attraktion ausschließlich für Gäste vor. Er selbst nutzte ein großzügiges, aber ungleich schlichteres Bad.

Zum Wohnbereich gehört auch eine Kapelle, deren Wände und Decken im neugotischen Stil mit Szenen wie der Ankunft der heiligen drei Könige bemalt sind.

Der einstige Wohnsitz des Industriellen ist seit Anfang der 1990er Jahre Seminar- und Tagungsstätte der ThyssenKrupp AG. Die historischen Wohn- und Arbeitsräume Thyssens wurden mit großem Aufwand restauriert. Der Park wurde weitgehend in seine ursprüngliche Form zurückversetzt und ist genau wie der angrenzende Wald für Besucher zugänglich. LZ

77

Blick von der Empore in den Residenzsaal mit Platz für 200 Besucher

Schloß Borbeck

Bereits die Heberolle aus dem 9. Jahrhundert führt den Oberhof Bort(h)beki auf. Die Essener Äbtissinnen bauten diesen Oberhof seit dem 13. Jahrhundert nach und nach zu ihrer Residenz aus. Sein heutiges Aussehen erhielt das Schloss unter Fürstäbtissin Franziska Christine von Pfalz-Sulzbach, die den Renaissancebau 1744 und 1764 um barocke Elemente erweitern ließ. Heute erin-

Schachspiel in der Ausstellung

nert das Wappen über dem Eingang zum Schloss an ihr Wirken.

Seit 1941 ist die Stadt Essen Eigentümerin der gesamten Schlossanlage samt Schlosspark.

Das Schlosstor, das größte öffentlich zugängliche schmiedeeiserne Kunstwerk auf Essener Boden, gibt den Blick frei in den herrlichen, 42 Hektar großen Schlosspark.

Fürstenrot ist die Farbe, die zum Schloß Borbeck passt und sich in der Innenge-

Zum Schloß Borbeck gehört auch der 42 Hektar große Schloßpark dahinter

staltung überall als wiederkehrendes Element findet. Nachdem die Gastronomie bereits 1999/2000 umgebaut wurde, waren die restlichen Räume 2004/2005 an der Reihe. Verantwortlich für diesen Umbau war das bkr-Architekturbüro mit Prof. Eberhard Klapp und Arndt Brüning. Wurde bei der Kernsanierung in den 1960er Jahren viel Historisches zerstört, setzte das Duo darauf, Historisches in dem Gebäude kenntlich zu machen und zu erhalten: Darum sind die historischen Wände uneben, die anderen Wände glatt gestrichen. Linoleumböden und Leuchtstoffröhren sind hochwertigen Steinböden und atmosphärischen Leuchten gewichen.

Im Residenzsaal finden heute 140 Gäste unten und 60 auf der Empore Platz. Zwei Decken wurden hier herausgerissen, so dass ein hoher, atmosphärischer Raum entstanden ist. Die Architekten sorgten dafür, dass er akustisch fit gemacht wurde für die Konzerte. Deshalb wurden im Spitzdach Paneele angebracht. Wer hier Musik hört, blickt durch mehrere Reihen Fenster hinaus in den Schlosspark. Fenster wurden nach historischem Vorbild eingebaut. Für die notwendigen Kabel wurde als „Versteck" eine Stufe eingebaut.

In diesem Raum steht auch eine Orgel, die die Firma Gerrit C. Klop aus Garderen in den Niederlanden 1993 für einen Privatmann in Schleswig-Holstein fertigte. Die Orgel ist ein historischer Nachbau aus dem frühen 17. Jahrhundert in der italienischen „organo di legno" (Hölzerne Orgel)-Tradition. Die Pfeifen bestehen aus Edelhölzern:

Barockes Chorgestühl (1760) in der Kapelle, vermutlich von Fürstäbtissin Franziska Christine in Auftrag gegeben

Libanonzeder, Buchsbaum, Zypresse. Die Borbecker Orgel ist im Stil der Spätrenaissance erbaut. Das Orgelgehäuse aus Kirschholz ist optisch reizvoll gestaltet mit Verzierungen aus Ebenholz und Schnitzwerk aus Lindenholz. Musikalisch betrachtet bedeutet diese Orgel für Schloß Borbeck daher gerade für den Bereich Alte Musik eine hervorragende Abrundung und Ergänzung. Zwei Flügel stehen ebenfalls in dem Residenzsaal.

Es gibt ein romantisches Trauzimmer, in dem man standesamtlich heiraten kann, und sogar eine Kapelle. Das Chorgestühl stammt aus dem Essener Münster und wirkt pompös in dem kleinen Raum. In

graugrünem Holz präsentieren sich riesige Engelsköpfe und solide Kirchenbänke.

Die historische Dauerausstellung in der ersten Etage besticht durch die klare Gestaltung und das Konzept. Viele Schubladen und Kästchen zum Aufziehen und Entdecken gibt es hier. So ruht ein Tanzschuh der Fürstäbtissin Maria Kunigunde in einer Kiste auf einer Fensterbank. Der Flurbereich vor der Dauerausstellung ist neu gestaltet. Zwischen Rampe und Treppe ist eine Vitrine entstanden, in der archäologische Fundstücke zu sehen sind. LZ

… Franziska Christine von Pfalz-Sulzbach

Büro der Fürstäbtissin mit Portraits von …

… Maria Kunigunde von Sachsen und Polen

79

Das Schwimmbad im Souterrain der Villa Hügel mit Mary H. Bruce, die nach 60 Jahren Essen besuchte, wo ihr Vater Frank Baldy, Diplomat und Anwalt im Finanzministerium der USA, nach dem Krieg am Fall Krupp gearbeitet hat

Villa Hügel

Hier gaben sich Kaiser und Könige, Präsidenten und Industrielle aus aller Welt die Ehre: In der Villa Hügel, dem Privathaus der Familie Krupp oberhalb des Baldeneysees. Ist es nur ein großes Haus, eine Villa, gar ein Schloss? Sicher von allem etwas. Jedenfalls ist die Villa Hügel inmitten des Hügelparks immer einen Besuch wert. Heute ist das Haus Sitz der Kulturstiftung Ruhr, 1984 von Bertold Beitz persönlich mit dem Ziel gegründet, „dem kulturellen Leben im Ruhrgebiet neue Impulse zu geben und ihm Maßstäbe und Ziele zu setzen". Die Kulturstiftung Ruhr versteht sich als Initiatorin und Trägerin hochrangiger künstlerischer Aktivitäten vor allem im Ausstellungsbereich. Ein weiterer Schwerpunkt ist die Aufarbeitung der Industriegeschichte des Reviers. Die 1873

Die Villa Hügel vom Garten aus gesehen

Die Obere Halle ist heute Spielort für die vielbeachteten Hügel-Konzerte des Folkwang Kammerorchesters

fertiggestellte Villa Hügel im vornehmen Ortsteil Bredeney diente drei Generationen als Wohnung und Repräsentationsgebäude; seit 1953 finden in den großzügigen Räumen des feudalen Anwesens hoch über dem Baldeneysee Kunstausstellungen statt. Bauherr war Alfred Krupp, der nach eigenen Entwürfen inmitten eines weitläufigen Landschaftsparks Haupthaus und Logierhaus nebst verbindenden Galerien errichte.

Fast ehrfürchtig betritt man die mächtige, eichenvertäfelte Eingangshalle, an die sich die Bibliothek mit Blick in den Garten anschließt. Die einzigartige Dachkonstruktion, das weithin sichtbare Belvedere, diente dazu, die fensterlose obere Halle mit Licht zu versorgen. Hier kann man einige der Privaträume besichtigen und dabei einen kleinen Einblick in das Leben eines vermögenden Stahlmagnaten gewinnen. Beim Einzug von Alfred und Bertha Krupp wurde die Villa

noch als einfach und schlicht ausgestattet beschrieben; die nächste Generation aber, Friedrich Alfred und Margarethe Krupp, gestaltete das Innere deutlich prächtiger und komfortabler. Margarethe legte außerdem den Grundstock zu einer Kunstsammlung und einer herausragenden Kollektion flämischer Wandteppiche. Ihre einzige Tochter Bertha wurde nach dem frühen Tod des Vaters 1902 die Erbin des Weltunternehmens.

Bertha heiratete Gustav von Bohlen und Halbach. Das Paar gab aufwändige Umbauten in Auftrag und ergänzte die bestehenden Kunstsammlungen. Die Villa wurde „gemütlicher" für das Paar und seine sieben Kinder. Über 600 Angestellte und Bedienstete bewirtschafteten zu Beginn des Ersten Weltkrieges das Anwesen. Alfried Krupp von Bohlen und Halbach sollte das letzte Familienmitglied sein, das am Stammsitz wohnte: Im April 1945 beschlagnahmten die amerikani-

schen Besatzungstruppen den gesamten Komplex; erst 1952 wurde es der Familie zurückgegeben. Alfried und seine Mutter Bertha stellten das Haus der Allgemeinheit zur Verfügung und favorisierten dabei eine Nutzung im Sinne von Kunst und Kultur.

Seither finden hier hochkarätige Ausstellungen statt; außerdem dient die Villa zu Repräsentationszwecken des Unternehmens. Der Besuch der Villa lohnt freilich auch dann, wenn hier nicht gerade die Stillleben aus der Blütezeit der niederländischen Malerei locken. Der schlossartige Bau, der im Grundbuch allzu bescheiden als „Einfamilienhaus" eingetragen ist, verfügt auf über 8.000 Quadratmetern Wohn- und Nutzfläche über 269 Zimmer und gilt als Symbol des wirtschaftlichen Erfolges der Familie Krupp. Die Villa Hügel steht seit 1986 unter Denkmalschutz. WM

Sitzgruppe mit großer Geschichte: Die Bibliothek im ehemaligen Gästehaus der Villa Hügel, heute Sitz der AKBH-Stiftung

Die Alfried Krupp von Bohlen und Halbach-Stiftung

Wer als Besucher das Haus der Stiftung im Hügelpark betritt, genießt vorher den Blick auf die Villa, die weiten Wiesen, die herrschaftlichen Parkanlagen. Er spürt das Besondere dieses Ortes, der Essener Stadtgeschichte schrieb und heute noch schreibt. Hier sitzt der Patriarch und „Herr der Ringe", Berthold Beitz (99), der als Statthalter für den letzten Krupp die Geschicke des Unternehmens und der Stiftung mit starker Hand lenkt. Berthold Beitz steht seit 1968 der Stiftung vor, die 25,3 Prozent der Aktien am Konzern ThyssenKrupp hält.

In bester Lage: Das Gästehaus, von 1914 bis 1919 für Besucher aus aller Welt gebaut

Die Villa Hügel ist heute mit ihren Parkanlagen Eigentum der Alfried Krupp von Bohlen und Halbach-Stiftung. Die gemeinnützige Stiftung ist das Vermächtnis von Alfried Krupp von Bohlen und Halbach, dem letzten persönlichen Inhaber der Firma Fried. Krupp. Testamentarisch legte er fest, dass sein gesamtes Vermögen nach seinem Tod in den Besitz einer gemeinnützigen Stiftung übergehen sollte. Der Erbverzicht seines einzigen Sohnes Arndt von Bohlen und Halbach ermöglichte die Gründung der Stiftung.

Die Alfried Krupp von Bohlen und Halbach-Stiftung nahm im Januar 1968, ein knappes halbes Jahr nach Krupps Tod, ihre Arbeit auf. Sie fördert im In- und Ausland Projekte in den Satzungsbereichen Wissenschaft in Forschung und Lehre, Erziehungs- und Bildungswesen, Gesundheitswesen, Sport sowie Literatur, Musik und bildende Kunst.

Berthold Beitz unterzeichnet im Dezember 2004 die Urkunde für eine Stiftungs-Professur an der Uni Erfurt

Das neue Wohnhaus, das am 10. Januar 1873 von Alfred und Bertha Krupp mit ihrem Sohn Friedrich Alfred bezogen wurde, verfügte über gewaltige Ausmaße: 269 Räume mit insgesamt 8.100 qm, davon 103 Hauptwohnräume mit 4.500 qm.

Für die zahlreichen Besucher des Hügels benötigten die Krupps ein separates Gästehaus, das zwischen 1914 und 1919 entstand und heute Sitz der Alfried Krupp von Bohlen und Halbach-Stiftung ist. Es wirkt von innen wie die kleine Villa Hügel – mit eleganten Empfangsräumen, antiken Möbel, Gemälden, Orientteppichen, einem Speisezimmer und im oberen Stockwerk die Büros der Mitarbeiter und das Arbeitszimmer des Hausherrn Berthold Beitz.

WM

Bürgermeister-
haus Werden

Künstler und Publikum verbindet beim Besuch des Bürgermeisterhauses mehr als nur die Liebe zur Musik. Sie alle fühlen sich auf eine sehr persönliche Art wohl und willkommen in dieser unter Denkmalschutz stehenden Villa. Denn hier sind sie nicht nur Interpreten und Konsumenten, sondern Freunde des Hauses mit gemeinsamen Interessen. Die Besucher genießen den Eindruck, in einem der schöngeistigen Salons des 19. Jahrhunderts zu sein, in angenehmer Gesellschaft mit persönlicher Begrüßung und einem kleinen Umtrunk danach. Neben dem ausgesuchten künstlerischen Programm und darüber hinaus bietet die Villa Raum für private Feste und Begegnungen.

Seit 2002 im Besitz der Sparkasse und liebevoll restauriert

verkaufte er es an den 1984 gegründeten „Verein der Freunde des Bürgermeisterhauses Werden e.V.". 1986 wurde das Bürgermeisterhaus in die Denkmalliste der Stadt Essen eingetragen. 1985 fand im renovierten Haus ein erstes Konzert statt. Organisiert wurde es von Agnes Wallek, die seitdem als Managerin des Bürgermeisterhauses und später auch als Geschäftsführerin des Vereins höchst engagiert tätig ist. Zunächst war das Haus nur als Veranstaltungsort für Kammermusik konzipiert. Später fanden hier auch andere Künste ihren Raum: Ausstellungen, Lesungen, Kabarett und Jazzkonzerte. Künstler aus der ganzen Welt haben mittlerweile ein lebendiges Forum und ein begeistertes Publikum gefunden. Es wird Kunst präsentiert, die Qualität hat, aber nicht unbedingt an große Namen gekoppelt ist. Viele junge Menschen haben von hier aus nach ersten Auftritten die Bühnen der Welt erobert und bleiben dem Haus über Jahre eng verbunden. Im Sommer 2002 sah sich der Trägerverein gezwungen, das Haus an die Sparkasse Essen zu verkaufen. Sie hat es einer umfassenden Sanierung unterzogen und an den Verein zurückvermietet. Die festliche Wiedereröffnung fand am 29. März 2004 statt. WM

Links: Probe für ein Jazzkonzert im Bürgermeisterhaus Werden
Unten: Der Salon im Erdgeschoss

Das Haus wurde 1833 von der Fa. Vogelsang & Co. im klassizistischen Stil erbaut. Ab 1895 war es Wohnsitz der Werdener Tuchfabrikanten-Familie Feulgen, die ihre Fabrik 1868 aus der Werdener Innenstadt in den Ortsteil Neukirchen verlegt hatte. Nach Stilllegung der Firma um 1920 wurde das Haus die Wohnung des letzten Bürgermeisters der Stadt Werden, Josef Breuer, der sein Amt 1929 mit der Eingemeindung Werdens nach Essen verlor. Das Gebäude diente ihm bis zu seinem Tode 1953 als Wohnung. Danach verfiel es immer mehr. Um 1980 wurde sogar der Abriss erwogen.

Die Vision des argentinischen Juristen und Konzertpianisten Dr. Ismael Pereyra, der das Gebäude 1982 von der Stadt Essen gekauft hatte, war die Schaffung einer kulturellen Begegnungsstätte Bürgermeisterhaus. Trotz massiver Unterstützung seiner Idee von allen Seiten konnte er das Haus nicht halten. Im Januar 1989

Lichte Sitzecken auf den Etagen

Das Hospiz

Christliches Hospiz Essen-Werden

In einem ehemaligen Kloster in Werden an der Dudenstraße 14 ist heute das christliche Hospiz Essen Werden untergebracht, das sieben Gäste in wohnlicher Umgebung beherbergen kann. Die engen Zellen der Nonnen sind großzügigen Räumen gewichen. Eine Million Euro in-

vestierte die Gewobau Wohnungsgenossenschaft Essen in den Umbau des denkmalgeschützten ehemaligen Klosters, das an der Dudenstraße noch seine ehemalige Fassade zeigt. Am Eingang Propsteistraße, an der auch die ehemalige Kapelle liegt, ist ein moderner Eingangsbereich mit gläsernem Treppenhaus entstanden – und einer Terrasse, auf die auch bettlägerige Hospizgäste gebracht werden können.

In dem Flur, der vom Eingang Dudenstraße aus zu erreichen ist, sind noch die alten Bodenfliesen erhalten – ebenso

wunderschöne Stuckarbeiten in gedeckten Farben, die zudem im Büro zu sehen sind. Eine moderne Lampe aus einem Metallreifen mit kleinen Lichtspots beleuchtet den Raum und passt gut zur Stuckrosette über ihm.

Freundlich und hell gestaltet ist der Eingangsbereich im Glastreppenhaus. Schon hier dominieren die Farben Gelb und Grün, die sich im gesamten Haus wiederholen. Grün ist der Aufzugschacht gestrichen, dekoriert mit großen grünen Punkten. Dazu passen versetzt hängende Lampen.

Modern ist dagegen das Konferenzzimmer. Schon hier ist ein immer wiederkehrendes Element zu entdecken: ein kleines Kreuz an der Wand von einem Kölner Künstler. Darauf zu sehen ist ein Mensch, der einen anderen in den Arm nimmt.

Teils sind im Erdgeschoss noch die alten Holztüren erhalten. Im Untergeschoss sind Ruhrsandsteinelemente integriert worden, ansprechend eingebaut in die neue Nutzung. Denn hier sind beispielsweise die Sauerstoffanlage und die Ersatzstromanlage untergebracht.

In der Ex-Kapelle, die heute als Raum für Feierlichkeiten, Zusammenkünfte und Seminare dient, sind die Glasfenster erhalten, auch das hinter dem einstigen Altar, das Jesus am Kreuz zeigt.

Bunte Lichtleisten schaffen eine stimmungsvolle Atmosphäre auf den drei Etagen. Von jeder aus können die Gäste,

Die ehemalige Kapelle

Der Gemeinschaftsraum

Das Kreuz mit den sich umarmenden Figuren

die nicht nur aus Essen, sondern auch aus den Nachbarstädten kommen, durch das Glasdach den Himmel sehen.

In der zweiten Etage können sie im großen Pflegebad mit einer beleuchteten, in jede Position ausrichtbaren Badewanne, aus der Musik erklingt, entspannen. Tulpen zieren die Fliesen, Badeentchen stehen auf einem Absatz.

Ein Gemeinschaftsraum mit Küche für Angehörige ist wohnlich eingerichtet, ein Schachbrett steht auf dem Tisch, im Flur liegt ein Buch, in dem Verwandte und Freunde Gedanken an Verstorbene niederschreiben können.

Die großräumigen Gästezimmer sind wohnlich eingerichtet und verfügen über jeweils einen eigenen Sanitärbereich. Modernste Betten können an verschiedenen Stellen im Raum stehen – je nach Wunsch des Gastes. Das untere Drittel des Bettes ist ausziehbar – und auch zu den Seiten schwenkbar, so dass das Bett zum Sessel wird, Besucher direkt gegenüber dem Gast Platz nehmen können. Dies dient der besseren Kommunikation.

LZ

Der historische Ahnensaal

Fürstin-Franziska-Christine-Stiftung

Wie eine Burg wirkt die Fürstin-Franziska-Christine-Stiftung an der Steeler Straße schräg gegenüber des S-Bahnhofs. Kaum zu glauben, dass die Fürstäbtissin, die eine weltliche Stiftung ins Leben rief, es 1764 für nur 30 Waisenkinder bauen ließ, um die sich fürstlich gekümmert wurde. Zwei Lehrer waren für sie vorgesehen. Sie ließ gar den über das Grundstück fließenden Mühlbach stauen, so dass für die Kinder eine 50-Meter-Schwimmbahn zur Verfügung stand. Das in Leder gebundene Aufnahmebuch ist noch vorhanden.

Vier Tore führen auf das dreieinhalb Hektar große Gelände mit Spielplatz und Garten. Noch heute ist hier ein Kinderheim für 40 Kinder. Sie ruhen jedoch nicht mehr wie damals in großen Schlafsälen, sondern sind in zumeist Einbettzimmern untergebracht. Bäder und Toiletten werden allerdings gemeinschaftlich genutzt.

Schon der Eingangsbereich im historischen Stil ist mit dem großen Wappen der Fürstin beeindruckt. Im Treppenhaus ist jeweils an der Fensterseite der Ruhr-

sandstein wieder freigelegt und unterstützt so das Gefühl, in einem stabilen und sicheren Haus zu sein.

Im historischen Ahnensaal – über dem Eingang blicken zwei Engelsköpfe herab – sind Decke und Ausstattung inklusive Raffgardine sehenswert. 13 Farbschich-

ten wurden bei der Restauration beseitigt, bevor das heutige Aussehen freigelegt war. Im Raum hängt noch ein Gemälde, das Fürstin Franziska Christine mit ihrem Kammerdiener Ignatius Fortuna – einem frei gekauften Sklaven – zeigt. Er ist übrigens wie seine Herrin selbst und der Jesuitenpater Marner in

Fürstin-Franziska-Christine-Stiftung in Steele

Kaminzimmer im Pflegeheim

der beeindruckenden, üppig ausgestatteten Kapelle begraben, die in der Mitte des Gebäudekomplexes angesiedelt ist. Florale Motive sind allenthalben auf den spätbarocken Altären auszumachen. Die Altarbilder schuf Januarius Zick aus Koblenz. Auch das älteste Orgelprospekt im Bistum Essen ist zu bewundern. Rechts hängt noch die hölzerne Sterbetafel der Stifterin mit dem Stiftungswappen und ihren Lebensdaten. Die Grabplatte der Fürstin sowie die von Ignatius Fortuna und Pater Marner sind auf dem Boden zu sehen.

Kürzlich eröffnete auf dem Gelände, wo sich auch das Kurzzeit-Pflegeheim Maximilian-Kolbe-Haus befindet, neu ein Pflegeheim mit 52 Plätzen. Es ist außen geschmackvoll mit Natursteinelementen gestaltet, passt dadurch gut zu dem Rest des Gebäudekomplexes mit wunderschönem Innenhof und dem Rosengarten. Das Heim verbindet innen Moderne mit Tradition: Denn in den Kaminzimmern mit großen Fensterfronten hin zum Spielplatz stehen heimelige Kachelöfen – und altes, vererbtes, prachtvolles Mobiliar. LZ

Grabplatte der Fürstin

Eingangsbereich mit Wappen der Fürstin

Die reich ausgestattete Kapelle

Panorama mit Kreisverkehr: Der „Limbecker" mit Cinemaxx und Colosseum gegenüber

Einkaufszentrum Limbecker Platz

D as Einkaufszentrum Limbecker Platz ist seit Oktober 2009 vollständig eröffnet und mit 70.000 Quadratmetern Verkaufsfläche und mehr als 200 Läden eines der größten innerstädtischen Einkaufszentren Deutschlands.

Die Außenhülle strahlt metallisch und ist verziert mit Halbrunden, die bei Dunkelheit in diversen Farben leuchten. Innen sorgen vier Rotunden für Orientierung, die eigene Namen tragen: Paris, Rom, Amsterdam, Essen. Die Rotunde Essen liegt gleich am Ausgang zur Limbecker Straße. Der Doppelbock von Zollverein ziert nicht nur die Glasscheiben zur Sicherung der diversen Etagen, sondern auch die Wand in luftiger Höhe.

Das Symbol ist einerseits auf die Wand direkt aufgebracht. Andererseits werden Details auf vorgelagerten transparenten Wandstücken hervorgehoben. Kunstvoll wirkt das, zumal jede Rotunde auch noch die Balustraden jeweils über dem Erdgeschoss und der ersten Etage thematisch gestaltet hat. Ein rostiges Metallband mit dicken Nieten ist es beispielsweise bei der Rotunde Essen. Um das Rolltreppenhaus liest der Besucher in

Großstadt-Shopping: Die Kuppeln erzählen von Amsterdam …   *… Essen*

großen Lettern „Weltkulturerbe Zollverein" und „Glück auf". Im Untergeschoss ist ein Kunstwerk aufgestellt, das drei Bergleute zeigt, zwei stehen, blicken hoch zum Förderturm, ein anderer kniet. Diese Hommage an den Bergbau fertigte die Bildhauerin Loni Kreuder.

Im Untergeschoss führen jeweils Themenwege hin zur nächsten Rotunde. So ist ein Schacht XII-Mosaik aufgebracht, das die Einkaufenden zur Rotunde Amsterdam leitet. Ein überdimensionierter niederländischer Holzschuh steht hier, Kinder können auf dem großen Stadtplan spielen, an dessen Seiten sich die Fassaden niederländischer Häuser erheben – zu sehen auch wieder auf den Abtrennscheiben der diversen Etagen.

Der Eiffelturm dominiert die Ausgestaltung der Rotunde Paris, das Hinweisschild zur U-Bahn Berliner Platz mutet historisch an. „Bienvenu", „Merci et au revoir" ist hier beispielsweise zu lesen.

Eine kunstvolle Fontäne spritzt aus dem Untergeschoss Wasser in die Höhe: Das bietet die Rotunde Rom. Ein Mosaik, das den Tiber imitiert, führt zur Rotunde Essen. Sitzgruppen laden zwischendurch zum Verweilen ein. Wer im Erdgeschoss wandelt, kann durch die durchbrochene Etage auf Kunstzypressen blicken, die sich von unten nach oben recken. LZ

… Paris

… Rom

93

Das großzügige Treppenhaus

Emscher-genossenschaft

1908 schon entschied sich die Emschergenossenschaft für die Stadt Essen als ihren Sitz. An der Kronprinzenstraße 24 entstand bis 1910 nach Plänen von Professor Wilhelm Kreis das Emscherhaus. Der Treppenturm des Hauses, das klassizistische und neobarocke Züge trägt und schon langsam auf den Jugendstil hinweist, ist quadratisch angelegt und 37 Meter hoch. Auf seinem Dach steht eine kupferne, barocke Amphore, von der die Legende sagt, dass einst darin der letzte Fisch der Emscher schwamm.

Immer wieder ist das Emscherhaus im Laufe der Zeit umgebaut und erweitert worden. Besucher betreten es heute über die Treppen der Richard-Wagner- und Kronprinzenstraße, gelangen in die eingeschossige und säulengestützte offene Eingangshalle des Hauses. Hier ist die Pförtnerloge.

Im Emscherhaus hat sich Wilhelm Kreis verewigt – mit gemalten oder modellierten Kreisen.

Stimmungsvoll beleuchtet ist das großzügige, denkmalgeschützte Treppenhaus, von dem aus die Flure in die Gebäudeflügel abgehen. Decken und Wände sind inzwischen wieder in ihren historischen Zustand gebracht. Beton ist allenthalben kunstvoll als Ansichtsfläche installiert. Auch die Verzierungen sind aus Beton, gleich ob Rosetten oder Tiermotive.

Im ersten Stock hängt ein Relief von Karl Behrens, dem Ex-Vorstandsmitglied der Emschergenossenschaft, gefertigt von Karl Janssen. Er verfasste mit Erich Zwei-

Das Emscherhaus mit dem 37 m hohen Treppenturm

Das Relief zeigt Wilhelm Middeldorf

gert und Wilhelm Hammerschmidt den Gesetzesentwurf zur Gründung der Genossenschaft. Auch Zweigert ist mit einem Relief verewigt, gleich neben einer Gedenktafel für die im Zweiten Weltkrieg Gefallenen und Vermissten. In der zweiten Etage hängt eine bronzene „Schwebende", die an Gefallene aus dem Ersten Weltkrieg erinnert. Hier ist auch das Bronzeporträt des königlichen Baurats Wilhelm Middeldorf zu sehen, wie die „Schwebende" von Joseph Enseling gefertigt.

Beeindruckend ist der acht Meter hohe Emschersaal, der bis auf fünf Meter Höhe vertäfelt ist. Die Betondecke ist in Karrees unterteilt. Ein riesiger, kunstvoller Kronleuchter spendet Licht. Über einem geschmiedeten Kamingitter neben der Eingangstür ist Enselings Relief von Hygieia, der griechischen Göttin der Gesundheit, zu sehen, die eine Trinkschale zum Mund führt. LZ

Kronleuchter im Emschersaal

Aufgang

Die Schwebende in der zweiten Etage

Hörsaal A mit 570 Plätzen

Haus der Technik

Der markante, vom Architekten Edmund Körner geplante Backsteinbau an der Hollestraße 1, erbaut 1922 bis 1925, war ursprünglich eine Börse. Körners Büste ist noch in einem Gang zu finden. Die expressionistischen Fassadendetails und der Arkadengang geben dem Haus gegenüber dem Hauptbahnhof ein unverwechselbares Aussehen. 1936 hat

das Haus der Technik – kurz HDT – das Gebäude übernommen. Mehr als 50 Schulungsräume gibt es im Inneren, darunter auch die interessanten Turmsäle mit Dreiecksspitzen. Im Zweiten Weltkrieg wurde das am Hang errichtete Gebäude innen komplett zerbombt, danach moderner wieder aufgebaut. Eine großzügige Treppe führt hoch zum Informationsbereich – vier moderne, metallverkleidete Säulen leuchten blau. Das weiter hinauf führende Treppenhaus wird flankiert von zwei historischen Säulen mit hohen, schmalen Fliesen. Das Foyer oben steht dem Eingangsfoyer an Großzügigkeit in nichts nach – und hält bemerkenswerte Details vor wie rechts alte Handläufe, die als Schlangenkopf enden, oder Ölgemälde mit unterschiedlichen Technikdarstellungen. Wandelgänge im Bauhausstil mit Originallampen aus den 1950er Jahren umrahmen die Etage, führen auch hin zum Hörsaal A mit 570 Plätzen – und beeindruckender Technik. Das Mikrofon eines jeden Teilnehmers kann vom Pult vorne zugeschaltet werden. Eine Wand, die den Raum in zwei

Schlangenkopfhandlauf

Das HdT

Historischer Aufgang

Säle trennen kann, klappt sich auf Knopfdruck ein. Sechs Stühle in der ersten Reihe hinter dieser Wand sind noch so belassen, wie sie früher in dem Raum standen – die anderen Sitze sind modern gestaltet mit Holzarmlehnen und eingefasst von Metall inklusive hölzernem Ausklapptisch. Auch die Farbe des Cordstoffes ist nach historischem Vorbild gewählt.

Die Büsten der ehemaligen Geschäftsführer des Weiterbildungsinstituts kann man sich in der Empfangsebene ansehen.

1.500 Veranstaltungen bietet das Haus der Technik jährlich zu den Themenbereichen Energietechnik, Elektronik, Maschinenbau, Automobiltechnik, Chemie, Bauwesen, Umweltschutz, Management, Recht und Medizin, an. Einige Räume wurden mit aller notwendigen Technik speziell für die Durchführung von Röntgenkursen eingerichtet.

Das Haus der Technik ist ein gemeinnütziger Verein – und ein Außeninstitut der Universität RWTH Aachen. Dementsprechend wird auch in den Laboren des HDT geforscht. LZ

Büste von Architekt Körner

Informationsbereich mit Metallsäulen

Horster Mühle

Zur Route der Industriekultur gehört die Horster Mühle, die über die Straße In der Lake im Stadtteil Horst zu erreichen ist. Urkundlich erwähnt wurde das Wehr bereits im 13. Jahrhundert. Das Gefälle war damals für den Korn- und Ölmühlenbetrieb notwendig.

Ein wenig versteckt hinter einem Rhododendron ist eine Tafel angebracht, die an den Erfinder der deutschen Dampfmaschine, Franz Dinnendahl, erinnert, dessen Geburtshaus die Mühle war. 1840 wurde sie vom Industriellen Friedrich Ludwig Niemann übernommen. 1910 ersteigerte sie dann der Unternehmer Wilhelm Vogelsang. Er ließ auch die Gedenktafel anbringen. Gebaut wurde 1910 der erste Teil des Gebäudes, in dem noch heute die alten Maschinen zu bewundern sind. Sie waren bis zum Bruch eines Kronrades an einer Welle in den 1970er Jahren in Betrieb.

In einer Ecke im Innenraum ist das gebrochene Stück noch zu sehen. Gute

denn sie sind versteckt hinter den alten, mächtigen Steueranlagen, auf denen in schöner Schrift steht „Generator II" oder „Lichtverteilung".

Wer auf die Anlage zugeht, schreitet links an einem grün gestrichenen Aufsichts-Holzhäuschen mit vielen Fenstern vorbei, in dem ein PC-Bildschirm Daten anzeigt. Links davon auf der Fensterbank steht eine große Grünpflanze, ein Holzpärchen hockt auf der Steinbank, rechts davon liegen Schraubenschlüssel und allerlei Werkzeug auf der Fensterbank. Die Tür nach draußen hat eine extrem niedrige Klinke. Grund: Als damals die schweren Maschinen eingebaut wurden, musste der Boden mit Beton verstärkt werden. Er liegt jetzt in der halben Halle, deren Boden mit rostroten mehreckigen Fliesen ausgelegt ist, deutlich höher. Hinter den Maschinen stehen noch bunte Fässer mit Betriebsstoffen. Ein Tiger beispielsweise springt auf einem Blauen. „Panolin" ist ein rotes Fass beschriftet.

Deutlich hört man die erst 2010 eingebauten Turbinen im Untergeschoss ar-

Die Ruhr in Essen-Horst mit der Horster Mühle und dem Schornstein der ehemaligen Zeche Wohlverwahrt

zehn Jahre produzierte das Kraftwerk keinen Strom. Dafür sorgte erst wieder der Bauunternehmer Franz Rudolph, der 1985 das Kraftwerk in dem denkmalgeschützten Gebäude kaufte. Seit 1989 lieferte das Kraftwerk wieder Strom in das Netzwerk der RWE. Als er starb, veräußerten die Erben die Anlage. Seit drei Jahren ist die Firma Parsimonia GmbH & Co KG Besitzerin des Wasserkraftwerkes Horster Mühle – und investierte. Vier neue Turbinen laufen jetzt vollautomatisch und dem Wasserstand angepasst. Produziert werden hier jährlich etwa acht Millionen Kilowattstunden. Auch die Schaltanlagen sind modernisiert – fallen aber demjenigen, der die große Halle mit den raumhohen Fenstern und der Holzbalkendecke betritt, nicht auf –

beiten. Fließt nicht gerade Wasser übers Wehr, auf dem sich Kormorane trocknen, läuft alles Wasser der Ruhr durch diese Generatoren. Die Fallhöhe beträgt 2,97 Meter. Wer die Treppe hinunter zu den Turbinen benutzt, trifft auf diverse Marken. Recht weit oben zeigt eine an, dass das Wasser am 17. Mai 1943 nach der Bombardierung der Möhnetalsperre bis zu diesem Punkt stand. Fast am Ende der Treppe zeigt eine Metallschiene, bis wo das Wasser am 31. Dezember 1986 stand. Schön ist in der Halle die Wandbemalung mit mäandernden Linien, Rechtecken und Rauten in Ocker, Türkis, Schwarz und Rot. Im Eingangsbereich hängen Zeitungsberichte über die Mühle – und auch eine Walchensee-Anleihe über 10.000 Mark. LZ

Eindrücke aus dem Kraftwerkssaal mit den historischen Generatoren und Steueranlagen, die modernen Anlagen im Untergeschoss liefern Strom für rund 2.500 Haushalte

... hier vom Bahnsteig der EVAG gesehen

Die Messe gewinnt in der Liga der internationalen Messen immer mehr an Profil. Durch Branchen-Know-how und gute Kontakte zu Zielkäufern, Meinungsführern und Schlüsselkunden hat sich die Messe Essen zu einem gefragten Nischenanbieter entwickelt, der starke Impulse in Höhe von mehreren 100 Millionen Euro in die lokale Wirtschaft sendet.

In 18 Hallen und der Galeria – auf insgesamt 110.000 qm Hallenfläche und 20.000 qm Freigelände – finden die Messekunden das richtige Umfeld für ihre Produkte. Essen bietet so einen attraktiven Mix aus internationalen, nationalen und regionalen Topmessen. Essener Fachmessen sind so gefragt, dass sie sich auch im Ausland, angepasst an die jeweiligen Marktbedingungen, erfolgreich etablieren.

Ob Kongress, Tagung, Seminar, Hauptversammlung, Event oder festlicher Ball: Mit zehn Sälen, 13 Konferenzräumen und der Grugahalle hat die Messe das passende Raumkonzept für Veranstaltungen mit 20 bis 7.700 Teilnehmern.

WM

Blick aus dem Bug des 2001 eröffneten Anbaus von Mario Bellini ...

Messe Essen

Modern, international, marktnah – so präsentiert sich die Messe in der neuntgrößten Stadt Deutschlands. Die Messe ist Schauplatz eines abwechslungsreichen Programms aus hochkarätigen Messen und Ausstellungen. In Essen findet man einen attraktiven Mix aus internationalen, nationalen und regionalen Topmessen. Jährlich finden mehr als 30 Messen an 110 Messetagen auf dem Messegelände statt. Dazu zählen zwölf internationale Leitmessen wie die Schweißen & Schneiden, E-world energy

& water, Security, Equitana oder die IPM, die internationale Pflanzenmesse. Mit rund einem Dutzend Freizeitmessen ist Essen führend in diesem Bereich. Zu den Publikumsmagneten zählen z.B. die Messen Mode Heim Handwerk, die Spiel, die Reise+Camping, die Techno-Classica und die Essen Motor Show. Rund 14.000 Aussteller mit einem Auslandsanteil von 30% und 1,5 Millionen Besucher aus über 140 Nationen am beliebten „Place of Events" bestätigen den Stellenwert der Messe eindrucksvoll. Es stehen Aus- und Umbaupläne in einer Größenordnung von über 100 Millionen Euro auf der Agenda.

Die Halle 11 während der Spielmesse im Herbst

Das „Neue Ruhrhaus": Hauptverwaltung des Ruhrverbands

Das „Neue Ruhrhaus" wurde in den Jahren 1993/94 in Form eines Gebäudewinkels entlang der Helbing- und Steinstraße errichtet. Zur städtebaulichen Einbindung entstand dadurch ein parkartiger Innenhof. Das von den Kölner Architekten Kraemer Sieverts & Partner GmbH geplante Gebäude hat fünf Vollgeschosse und ein Staffelgeschoss. Die Gebäudeecke hebt sich durch die Ausbildung als rundes, von den Gebäudeflügeln solitärartig abgelöstes Bauelement besonders hervor. Sie ist im obersten Geschoss nicht abgestaffelt und erscheint wie ein Turm mit markanter Blickwirkung aus Richtung des Stadtzentrums. Im Gegensatz zu den roten Klinkerfassaden der traditionsreichen Verbandsgebäude aus den zwanziger und dreißiger Jahren des letzten Jahrhunderts, die insbesondere aufgrund der hohen Luftverschmutzung gewählt wurden, dominieren in der Fassade des „Neuen Ruhrhauses" Metall und Glas. Die großzügigen Fensterflächen und das pulverbeschichtete Aluminium sollen dokumentieren, dass sich die Zeiten geändert haben. Transparenz, Sachlichkeit

Das Runde vor dem Eckigen: aus dem Baujahr 1994

In der Talsperrenleitzentrale werden die acht Ruhrtalsperren des Ruhrverbandes mit einer Kapazität von insgesamt 473 Millionen Kubikmetern Wasser in Echtzeit überwacht und gesteuert

und Klarheit sollen nun zum Ausdruck gebracht werden.

Konstruiert wurde das Gebäude als Stahlbetonbau, im Keller mit tragenden Außenwänden und Innenstützen sowie aussteifenden Kernen. Die Konstruktion innen ermöglicht eine weitgehend freie Raumaufteilung. Das „Neue Ruhrhaus" bietet Platz für rund 300 Beschäftigte und verfügt in den beiden Tiefgeschossen über 130 PKW-Einstellplätze.

Ausschlaggebend für den Neubau war die verstreute Unterbringung zahlreicher Abteilungen des Ruhrverbands im Essener Südviertel, was die Arbeitsabläufe des Ruhrverbands erschwerte. Mit dem Bau des „Neuen Ruhrhauses", eines neuen Laborgebäudes und der Sanierung des „Alten Ruhrhauses" in 1990er Jahren wurden für die Beschäftigten des Ruhrverbands zeitgemäße Arbeitsbedingungen geschaffen. WM

Das Foyer mit den grünen Fliesen

Rathaus Kray

Wie reich die preußische Gemeinde Kray einst war, davon zeugt noch heute das Rathaus Kray, Kamblickweg 27. Das Gebäude, 1907/1908 nach den Plänen von Otto Meeke erbaut, steht unter Denkmalschutz. Nach dem Zweiten Weltkrieg kamen hier die Mitglieder des ersten Essener Stadtrates, darunter Gustav Heinemann und Hans Toussaint, zu ihren Sitzungen zusammen. Das können angehende Ehepaare im Trausaal an der Wand nachlesen.

2004 wurde der Saal renoviert. Die historische Holzvertäfelung blieb, die Möblierung ist modern, der Boden ist frisch abgezogen. Die nachträglich eingezogene Decke soll noch zurückgebaut werden.

Der Aufzug wurde 2010 nachträglich eingefügt. Der „Förderverein Rathaus Kray" engagiert sich für das stattliche Haus, in dessen einem Flügel auch die Polizeiwache Süd-Ost untergebracht ist. Es wirkt durch den schiefergedeckten Turm mit glockenartiger Haube imposant. Hinauf zum Eingang führt eine große Freitreppe.

Die städtischen Büros selbst sind modern eingerichtet. Kaum etwas erinnert an alte Zeiten. Ganz anders das Foyer mit Säule: Hier sind noch die grünen Fliesen mit dem Jugendstildekor, an den geschwungenen Türen die alten Schilder „Ziehen" und „Drücken" erhalten. Wer dann gleich rechts abbiegt, geht zu auf einen alten Tresor der Gelsenkirchener Geldschrank-Fabrik. Die Decke zeigt sich in alter Pracht, ebenso ist das schmiedeeiserne Geländer des Treppenhauses gut erhalten.

Das alte Bürgermeisterzimmer mit der Nummer 20 und der dick gepolsterten Doppeltür zeigt, in welcher Umgebung das städtische Oberhaupt damals arbeitete. Gediegen sind die Einbauschränke

Das Rathaus in Kray

Der Saal

aus dunklem Holz. Eine Tür, von der der Besucher erwartet, dass sie hinführt auf den kleinen Balkon des Turms, birgt ein Waschbecken. Das Abwasser von hier läuft in die Regenrinne. Heute können hier frisch Vermählte nach der Trauung noch zum Sektempfang laden.

Der graue, behauene Grundstein des Gebäudes ruht im ehemaligen Ratskeller, der heutigen Stadtteilbücherei, mit dem beeindruckenden Gewölbe. Den Kontrast gibt's im Keller: Dort existiert immer noch ein rund gebauter Luftschutzbunker genau unter dem Turm mit den technischen Anlagen der Maschinenfabrik Rheinwerk Wuppertal-Oberbarmen. In der Mitte hängt das historische Merkblatt für chemische Kampfstoffe. Heute dient der Bunker als Lagerraum für Akten.

LZ

Ein alter Geldschrank

Die Bücherei im ehemaligen Ratskeller

![Der Plenarsaal]

Der Plenarsaal

Regionalverband Ruhr

In beachtlicher Nachbarschaft befindet sich der 1929 eingeweihte Sitz des Regionalverbandes Ruhr (RVR), Kronprinzenstraße 35, geplant vom Architekten Alfred Fischer: Dem gegenüber liegen das Verwaltungsgebäude der Emschergenossenschaft und das Gebäude, in dem neben anderen der RWTÜV sitzt.

Der heutige Regionalverband Ruhr (RVR) wurde im Jahr 1920 als Siedlungsverband Ruhrkohlenbezirk (SVR) gegründet. Das Gebäude ist klar strukturiert mit Ziegelvor- und -rücksprüngen sowie zahlreichen, zu Gruppen zusammengefassten Fenstern. Das Untergeschoss war anfangs in seinem Hauptteil mit Majolikaplatten bekleidet. Diese sind jedoch im Zweiten Weltkrieg zerstört worden. Beim Wiederaufbau sind nur Ziegel verwendet worden. Auffällig ist, dass die Gebäudeecken abgerundet sind. Aufgelockert wird die Fassade des Neubaus an der Helbingstraße durch Ranken.

Das Gebäude des Siedlungsverbandes Ruhrkohlenbezirk

Büste von Architekt Alfred Fischer

Der Lichthof

Der überdachte Eingang liegt an der Straßenkreuzung. In der Morgensonne leuchtet der Schriftzug „Ruhr" nach dem Wort Regionalverband. Im Eingangsbereich gegenüber der Anmeldung hängt die „Komposition mit dunklem Blau" Günter Dohrs von 1998/1999.

Bis zu 150 Personen fasst der mit Palisanderholz vertäfelte Plenarsaal. Die Decke ist mit Serholz verkleidet. Wappen – Symbole der Mitgliedskommunen – zieren die Stirnwand. Die Stühle sind blau.

Um den zentralen zweigeschossigen Lichthof mit weißer Glasverkleidung laufen Flure mit den Büros. Im Erdgeschoss hängt eine Ahnengalerie. Dort ist zu sehen, dass Robert Schmidt erster Direktor war. In der zweiten Etage steht eine Büste Alfred Fischers. Vertikale Beleuchtungskörper empfinden den Lichteinfall nach. Als wahre Fundgrube gilt Wissenschaftlern, Studierenden und Interessierten die Ruhrgebietsbibliothek im Haus, reich gefüllt mit Schriften zu Geographie, Raumplanung und Architektur der Region.

Die Materialwahl im Inneren des Gebäudes spiegelte bis hin zu den speziell für dieses Objekt entworfenen Möbelausstattungen das kunstgewerbliche Anliegen von Alfred Fischer wieder. Die Büros sind heute funktional eingerichtet. LZ

Der Empfang

Die Mitarbeiter verteilen sich in runden Büros über die Etagen

Wasserturm Laurentiusweg

Der 1898 von den Stadtwerken erbaute Wasserturm am Laurentiusweg 83 befindet sich heute im Privatbesitz. 1986 baute der Steinmetz Axel Kalenborn den Wasserturm komplett um, zog Etagen in den bis dato hohlen Turm ein und bestückte ihn mit einer Metalltreppe und einem Aufzug. Die beleuchtete Rückwand des gläsernen Aufzugs ließ Axel Kalenborn mit Essener Bauten bemalen, an denen er gearbeitet hatte, wie Villa Hügel, Schloß Borbeck.

Geschmackvolle Fenster wurden in das unter Denkmalschutz stehende Gebäude eingesetzt. Jeweils in der Mitte eines Fensters beginnt eine neue Etage, so dass jeweils zwei Etagen von einer Fensterreihe profitieren. Nach dem Umbau diente der untere Teil des Wasserturm als Kunstgalerie. Heute betreibt hier der jetzige Besitzer Christian Mauve die Mauve Mailorder Software GmbH & Co. KG.

Ganz oben im ehemaligen Wassertank des Wasserturms hatte Christian Mauve zuerst seine private Wohnung auf zwei Stockwerken – doch inzwischen benötigt er die Räume als Büros für seine expan-

Der Wasserturm in Steele

Die Treppe im Zentrum

Christian Mauve auf dem Umgang um den Wasserbehälter

dierende Firma. Sein Arbeitszimmer ist in dem nach Steinmetz Axel Kalenborn benannten Raum untergebracht. Alte Ventilräder und die dicken runden Ziegelwände sind nur einige Details, die noch an die alte Funktion des Wasserturms erinnern. Die fensterlose Etage zwischen dem ehemaligen Wasserbehälter und dem aus Ziegelsteinen gemauerten Turm ermöglicht noch einen Blick auf die Konstruktion des alten Wasserbehälters.

Allenthalben ist der Charme der 1980er Jahre spürbar, beispielsweise bei den Deckenleuchten und den Einbauschränken im ehemaligen Behälter. Die Dachterrasse auf dem ehemaligen Wasserbehälter bietet je nach Wetterlage einen Blick weit über Essens Stadtgrenzen hinaus nach Bochum, Gelsenkirchen, Herne, Recklinghausen, Castrop-Rauxel.

Etwa 500 Quadratmeter Nutzfläche bietet der Wasserturm. Die 26 Mitarbeiter verteilen sich auf die faszinierend atmosphärischen, runden Großraumbüros auf den vier Etagen des gemauerten Turms und auf die ehemaligen Privaträume von Christian Mauve, die Platz für zwei bis drei Mitarbeiter und einen atemberaubenden Blick bis weit in die umliegenden Ruhrgebietsstädte bieten.

LZ

Wasserturm Steeler Straße

1883 bis 1884 wurde der Wasserturm an der Steeler Straße 137, der seit 1985 auf der Denkmalschutzliste steht, nach Plänen des Aachener Professors Otto Intze im Stil des Historismus gebaut und nach dem Zweiten Weltkrieg schlichter wieder aufgebaut. 1949 konnte er wieder in Betrieb genommen werden und dient bis heute der Trinkwasserversorgung in Essen durch die Stadtwerke.

Beeindruckend ist der Raum, in dem man unter dem schmiedeeisernen Hochreservoir mit 2.000 Kubikmetern Volumen und einem Durchmesser von mehr als 17 Metern steht. Dieser Behälter befindet sich auf einem 20 Meter hohen, massiven Unterbau. In diesem Unterbau sind zwei Wohnungen sowie Büros untergebracht. Im Erdgeschoss gibt der Verein Essener Tafel Lebensmittel an Bedürftige aus. Das Vereinsbüro in der ersten Etage ist über ein riesiges, imposantes Treppenhaus mit doppeltem Handlauf zu erreichen.

Blick ins Treppenhaus

Der Wasserturm ist Baudenkmal seit 1985

Mit 17 Metern Durchmesser und einem Volumen von 2.000 Kubikmetern wird der Wasserturm a

In dem grün gestrichenen Reservoir halten die Stadtwerke zumeist nur 1.000 Kubikmeter Wasser vor, um den Druck im Rohrnetz sanft auszugleichen. Die Ziegelwände hier hoch oben sind teils überputzt. Vom runden Raum des Reservoirs in der dritten Etage aus gehen auf Standhöhe Rundbögen ab, die in die Ecken des achteckigen Baus führen und

teils wirken wie kleine Kaminecken in Ritterzimmern. Etwa ein Viertel des Rundraumes ist abgetrennt – denn hier unter dem Reservoir ist ein Speicher für die beiden Wohnungen mit u. a. Platz für Wäscheleinen entstanden. In je einem Rundbogen befinden sich zwei kleinere Fenster. Befüllt und entleert wird der Behälter über ein Rohr in der Mitte.

Auf halber Höhe des Reservoirs geht seitlich ein langes Rohr ab – es verhindert ein Überlaufen des Behälters. In luftiger Höhe vom äußeren Rundgang aus bietet sich ein wunderbarer Blick auf die Stadt: Rathaus, RWE-Turm, Kirchen, Synagoge, die Wasserbehälter in Frillendorf und Byfang können von hier ausgemacht werden.   LZ

reler Berg auch heute noch von den Essener Stadtwerken für die Trinkwasserversorgung genutzt

International School Ruhr in der Villa Koppers

Die Jugendstilvilla Koppers im Moltkeviertel mit vielen beachtenswerten Gebäuden zeugt von dem einstigen Erfolg des Unternehmers Heinrich Koppers, der sich vom Klempner zum Unternehmer hocharbeitete. 1904 erhielt er ein Patent für die Entwicklung eines Koksofens mit Einzelregenerator. 1911 ließ er das Gebäude als Wohn- und Verwaltungssitz bauen. Im einstigen Verwaltungssitz mit dem Haupteingang an der Moltkestraße 29 ist noch heute ein Büro-, Geschäfts- und Praxenhaus. Dort, wo früher die Familie lebte, eröffnete 2010 die International School Ruhr ihre Pforten. Der Eingang zu dem dreistöckigen Haus mit prunkvollen Verzierungen liegt am Moltkeplatz 61.

Nadia Nüsse zeichnet für die Innengestaltung der Schule verantwortlich, die ausgesprochen freundlich und wohnlich wirkt. Das Thema Energie bestimmt die Leitidee – einerseits, weil sich der Erbauer der Villa damit beschäftigte, andererseits, weil es zu Essens Geschichte passt. Und so strahlt von der Decke im Empfangsbereich eine Riesensonne auf die Eintretenden. Ihre Strahlen breiten sich in diversen Gelbtönen auf den Wänden aus.

Dort, wo Kinder u.a. ihre Snacks essen, bilden gelbe Lümmelsitze in L-Form auf einem braunen Teppich eine Sonnenblumenblüte. Licht kommt von weißen, floral wirkenden, runden Deckenlampen. Im Nebenraum symbolisieren Stufen und verschieden lange Gazestreifen in

Sonnenblumenblüte aus Lümmelsitzen

Blautönen einen Wasserfall. Liebevoll gestaltet ist hier alles für die Kinder vom Kindergarten bis zur sechsten Klasse. Die Klassenräume sind mit bunten Stühlen und Teppichen ausgestattet, bunt sind die Kisten in freundlichen Holzregalen. Neben den Klassenräumen werden Deutsch, Kunst und Musik in eigenen, heimeligen Räumen unterrichtet. Es gibt

eine eigene Bibliothek für die Schüler – und im Raum für die Vorschulkinder sogar zwei Kaninchen, die auch frei hoppeln dürfen. Alles innen ist aufs Wohlfühlen, aufs Lernen in angenehmer und anregender Umgebung ausgerichtet, damit an der International School Ruhr optimal nach dem internationalen Curriculum unterrichtet werden kann. LZ

Sonne im Eingangsbereich

Die Villa Koppers

Blick in ein ganz privates Museum of Modern Art mit Malerei von (v. l.) George Pusenkoff, der Baselitz-Meisterschülerin SEO, Lawrence Carroll, Armando und Howard Kanowitz

Privathaus Klaus und Anneliese Wolf in Heisingen

Die Liebe zur Kunst, die Beschäftigung mit der Kultur überhaupt, führt oft zu einer starken Sammelleidenschaft. Für Klaus und Anneliese Wolf ist die Liebe zur Kunst zu einer ständigen angenehmen Begleiterin geworden. Die beiden Kunstsammler aus Heisingen verbinden bis heute das ungezügelte Interesse an zeitgenössischer Kunst mit dem ganz persönlichen Instinkt eines Jägers. So ist im Laufe von Jahrzehnten eine ungewöhnliche Privatsammlung der Contemporary Art entstanden. Die beiden engagierten Sammler legen dabei keinen Wert auf Masse. Der Kauf eines jeden Stücks ist sachverständig durchdacht, die Beschäftigung mit dem jeweiligen Künstler gehört ebenso dazu wie die zahlreichen Museums- und Ausstellungsbesuche. So ist aus dem Privathaus ein recht ansehnliches kleines Museum of Modern Art geworden, in das die beiden Sammler sich gerne Gäste einladen, um mit ihnen über Gott und die Welt, vor allem aber auch über die Vielfalt der Kunst zu diskutieren. Jedes der ungewöhnlichen Exponate hat seine eigene Geschichte – beispielsweise die Bronze-Skulptur von Prof. Henk Vish aus dem Jahre 1988, eine Arbeit für die Biennale in Venedig, oder die herausstechende Mona-Lisa-Gruppe der Niederländerin Saskia de Boer.

Die beiden Sammler leben in ihrer Kunst, sie werden durch sie beflügelt, angeregt und immer wieder aufs Neue begeistert. Und wenn sie ihre Sammlerstücke erklären, dann ist die Begeisterung zu spüren, die in diesem Privathaus durch die Kunst gelebt wird. Kunst eben nicht nur als dekoratives Element, sondern durchaus als Provokation. WM

Lowell Nesbitt

Saskia de Boer

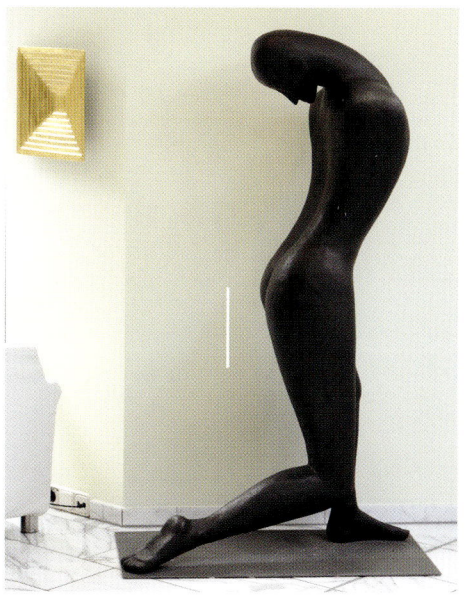

Henk Visch

Zeche Wohlverwahrt

Das heute noch existierende Gebäude der Zeche Wohlverwahrt in Horst, 1989 aufgenommen in die Denkmalliste, liegt hoch über der Ruhr und wurde 1910 am Ende des Fleherwegs erbaut. 1962 stellte die Zeche die Förderung ein. Heute befindet sie sich in Besitz der Familie Meuser. Helmut Meuser betrieb hier lange einen Gabelstapler-Handel – für ihn war ideal, dass das 10.000 Quadratmeter große Gelände gleich an die Bahnlinie grenzt. Heute wird ein Teil des Gebäudes von einem Gartenbau-Unternehmen genutzt. Das Büro der Firma „querfeldeins", die u.a. eine Kanuschule bietet, befindet sich in einem Kubus aus Holz und Glas, der in den hohen Raum eingebaut und somit leichter heizbar ist. Vom Garten aus bietet sich ein wunderbarer Blick auf die Ruhr.

Der größte Teil des von außen so attraktiven Hauses wird heute genutzt.

Die nicht vermieteten Räume können durch eine Glastür betreten werden, die von einem Metalltor geschützt wird. Im breiten Treppenflur hängt noch eine Discokugel, die ein Vormieter einst aufhängte – er nutzte die alte Waschkaue, deren beigefarbene Fliesen an den Wän-

Die ehemalige Waschkaue der Zeche

den erhalten werden müssen, als Wohnung und Atelier. Eine Staffelei steht noch im einstigen Duschraum der Steiger – es gibt auch Fliesen, in denen eine Seifenablage integriert ist. Der Raum fasziniert durch zwei spitz dreieckig eingebaute Raumecken. Die einzelnen Funktionsbereiche der Waschkaue sind noch gut erkennbar, die Fliesen mit Handtuchhalter sind intakt. LZ

Heute wird das Industriedenkmal in Essen-Horst von Handwerkern und Kreativen mit besonderem Raumbedarf genutzt

Panorama von der „Spiel"
in Halle 11 der Messe Essen